九州の事件 五十年

一九六四—二〇一四年

読売新聞西部本社

The history of cases in kyushu

edited by Yomiuri Shimbun western headquarters

海鳥社

刊行に寄せて

事件には「貌《かお》」がある。時代を装い、世相という表情をうかべ、私たちのまえに立ちあらわれる。

新聞社はこうした事件といつも最前線で向きあっている。読売新聞西部本社は二〇一四年九月、発刊から五十周年を迎えた。一九六四（昭和三十九）年九月、二十三万部でスタートし、二〇一五年十一月現在、八十万部に成長した。この間、九州・沖縄・山口地区でいくつもの貌をみつめ、記録してきた。

五十周年にあたり、小社ＯＢの協力を得て『読売新聞西部本社五十年史』を編纂した。そのなかで「西部本社は何を伝えたか」という章をもうけ、事件、事故、災害を収録した。読みとおすと、時代が造形してきた「貌」がみえてくる。新聞が時代の「のぞき窓」であるゆえんだ。

海鳥社の西俊明氏から「九州の事件史として改めて出してみないか」と熱心にお誘いいただいた。西部という地に根を張り、さまざまな出来事を報じてきたわれわれにとって、それも一つの役割だと感じ、お引き受けした次第である。

この半世紀、事件が見せる貌はめまぐるしく変わってきた。広域化、国際化、凶悪化、低年齢化、ＩＴ化などを挙げることができる。取材してみると、社会の変化をたくまず反映していることが多いのに気づかされる。

長い間いわゆる「サツ回り（警察担当）」記者だった私が驚かされた事件のひとつに、美容師バラバラ殺人事件がある。一九九四年三月三日、九州自動車道玉名パーキングエリア（ＰＡ、熊本県南関町）で、家庭用ごみ袋の中から切断された左腕が見つかったのにつづき、一五キロ離れた山川ＰＡ（福岡県みやま市）で右腕、さらに翌四日にはＪＲ熊本駅（熊本市）のコインロッカーから胴体が発見された。足はさらに遠く離れた熊本県阿蘇町の原野に捨てられており、猟奇性に世間の耳目があつまり、新聞、テレビは連日、大きく報道した。

遺体をバラバラにする陰惨な手口、あちこちに捨てて回る広域性から、最初に想像した犯人像は、「男で、しかも複数犯」だった。だが見立ては、ものの見事にはずれた。

被害者は福岡市内の女性美容師。逮捕されたのはその同僚の女だった。マンションの一室で殺害したあと、遺体を切断し、レンタカーで高速道路を走って捨てて回っていた。驚くことにたった一人での犯行だった。

後述する西鉄バス乗っ取り事件（二〇〇〇年五月）は、佐賀市を出発した高速バスが少年に乗っ取られ、福岡県、山口県を通過し、広島県内のサービスエリアで停車。警官隊が車内に突入して解決したが、乗客の女性一人が少年に刺されて死亡した。

警察は広域連携をますます強く求められるようになった。一九八〇年代後半から、通行する車のナンバーを記録するNシステム（ナンバー自動読取装置）などが全国的に整備されるようになった。警察庁二〇〇〇年版の「警察白書」で初めて、Nシステムを捜査に利用していることを認めたが、この時代は広域化への対応に追われていた。

世の中が国際化するにつれ、外国人による犯罪も目立つようになった。なかでもショッキングだったのは、二〇〇二年一月に大分県杵築市で起きた中国人・韓国人による殺人事件だった。被害者は中国人留学生らの身元引受人になるなど支援活動を続け、「日本のお父さん」と慕われていた男性だった。殺害にかかわった五人の元留学生らのなかには、男性の世話になった者も含まれていた。まさに「恩をあだで返す」という、やるせない事件だった。

翌二〇〇三年六月には、福岡市東区の博多湾で、小学生二人を含む一家四人の遺体が見つかった。殺害したのは中国人の元留学生ら三人だった。「生活に困ってやった」と供述した。アジアの玄関口ともいえる九州には当時から、多くの留学生らが流入した。十分なサポートも得られず、金銭に窮し、安易に犯行に走るケースが目立った。犯行後は中国などへ逃げ帰ることが多く、捜査は難航しがちだった。

「警察白書」によると、来日外国人による犯罪は、一九九〇年代に増えはじめ、検挙件数では二〇〇五年がピークだった。近年は減る傾向にあるが、その一方で、犯罪が組織化し、不法就労の助長や偽装結婚、海外不正送金など、暴力団が関与するケースもみられる。

また、二〇〇〇年以降は、少年による凶悪事件が相次いだ。佐賀市を出発した高速バスが乗っ取られた事件は、十七歳の少年の犯行だった。この年は、「人を殺す経験がしてみたかった」という供述が社会を震撼させた愛知県豊川市の主婦殺害など、「十七歳の凶行」が続発した。二〇〇三年七月には長崎市で十二歳の中学一年の男子生徒が幼稚園児を立体駐車場の屋上から突き落として殺害。翌二〇〇四年六月には長崎県佐世保市で十一歳の小学六年の女子児童が同級生の首をカッターナイフで切って殺害し、低年齢化が社会問題となった。この影響で二〇〇七に少年法が改正され、少年院送致が「おおむね十四歳以上」から「おおむね十二歳以上」に引き下げられた。二〇〇八年の改正では遺族が少年審判を傍聴できるようになるなど、長崎県で起きた二つの事件が制度改正を促した。

佐世保の事件では、私は社会部の前線デスクとして現地入りし、取材の指揮を執った。被害女児の父親が同じ新聞記者であり、しかも同じ年頃の娘をもつ親として、複雑な思いで記事を書いたことを今も鮮明に思いだす。

ここまで事件にふれてきたが、忘れてならないのは自然災害である。災害列島のなかで、火山噴火、地震、台風、梅雨期の集中豪雨と、九州は多くの災害に見舞われてきた。

読売新聞の記者にとって、一番忘れられないのは雲仙・普賢岳の噴火災害だろう。一九九一年六月三日の大火砕流で四十三人もの死者・行方不明者を出したというだけでなく、そのなかの一人が最前線でともに取材をしていた先輩カメラマンだったという痛恨事として、胸に刻みつけられている。

現地に四年以上にわたって取材本部を開設し、数多くの記者が交代で駐在した。連日続く取材は、ときに避難した住民とのあつれきを生み、大火砕流のときは、取材エリアを警戒していた消防団の方々や取材陣を乗せていたタクシーの運転手らも巻き込まれ、取材のあり方が問われた。

そうした反省点はいろいろあるが、亡くなったカメラマンらが残した、大火砕流を見事にとらえた写真がその年の新聞協会賞に輝いたことは記しておきたい。


読売新聞がなにを伝えてきたか。本書には、これまで記してきたようにこの五十年間の事件、事故、災害を網羅してきたが、それでも書ききれなかったものも多い。

たとえば、「おれおれ詐欺」をはじめとする特殊詐欺である。警察庁のまとめによると、被害は年々拡大し、二〇一四年は五五九億円で過去最悪となった。気の遠くなるような数字だ。新聞ではくりかえし被害の実態を報じて注意を促しているが、いっこうに減らない。記者として無力を感じるときでもある。被害の絶滅にむけて、これからも粘りづよく報道していく。

世の中の森羅万象を記録しているのが新聞だ。事件や災害が起きたとき、われわれは現場を何度も歩き、状況を把握する。被害者の慟哭や怒りに耳をすませ、加害の背景、動機にせまる。これは半世紀たっても変わらなかったし、これからも変わらない。紙とインキのにおいのする新聞を毎朝、皆さんのお宅へ届け続けることも変わらない。その紙面をとおして、変化しつづける時代の「貌」にふれていただければ幸いである。

本書の刊行にあたっては、OBの屋地公克さんに大変多くの労をとっていただいた。同じく小川直人さん、原健治さん、林弘志さんにもお世話になった。感謝の思いでいっぱいである。最後に海鳥社の西俊明氏の勧めがなければ本書は誕生しなかった。改めて深甚なる謝意を記しておきたい。

二〇一五年十二月吉日

読売新聞西部本社執行役員役員室長　広報・コンプライアンス担当　吉塚育史

九州の事件五十年
一九六四－二〇一四年

目次

九州の事件 五十年　一九六四－二〇一四年

事件　心にひそむ闇

五人殺害事件

来客の正体　少女が見破る

一九六四（昭和三十九）年一月二日朝、熊本県玉名市の教誨師宅を「死刑囚の減刑運動に協力したい」と言って、一人の「弁護士」が訪れた。ところが、弁護士は、教誨師の小学五年生になる次女にその正体を見破られる。教誨師宅に一泊して、翌三日朝、通報で駆けつけた熊本県警玉名署に連行され逮捕された。

この「弁護士」こそ、前年の一九六三年十月に福岡県で専売公社の集金人とトラック運転手を殺害して逃走。捜査の網をくぐり抜けながら、静岡県浜松市で貸席の母と娘、東京都で弁護士と計五人を殺害し、さらに大学教授や弁護士を装って詐欺、窃盗を重ね、警察庁から五度も重要指名被疑者特別手配を受けていた元運転手（三十八歳、本籍・大分県別府市）だったのである。

少女は、教誨師宅に近い駐在所の掲示板の特別手配ポスターで元運転手の顔を覚えていたのだという。少女の記憶が、福岡で二人を殺害してから七十八日ぶりの元運転手逮捕に結びついたのだった。少女は警察庁長官表彰を受けた。

冷酷さに満ちた犯行

元運転手は逮捕後、直ちに行橋署に護送され、翌四日から取り調べを受けた。一月二十三日に福岡地裁小倉支部に起訴され、十二月九日の論告求刑公判で、検察側から「神も許さぬ、人また許さぬ動物的冷酷さに満ちた犯行」として死刑を求刑された。

そして、十二月二十三日午後、北九州市小倉北区の福岡地裁小倉支部で、強盗殺人、殺人、詐欺、同未遂、窃盗罪に問われた元運転手に対する判決公判を迎えた。

元運転手は十人の看守に付き添われて入廷した。「いくぶん青ざめた表情で被告席についた」と読売新聞が伝えている。

「『被告、前に出なさい』……裁判長の声に男（記事は実名）はふるえる足をひきずるようにして進み出た」（読売新聞）。裁判長は判決文を読み上げ始め、順を追って犯罪事実を明らかにしていった。その概要――。

①一九六三年当時、男は福岡県行橋市で運送会社の運転手をしていた。金に困り、十月十八日正午過ぎ、同県苅田町で、別の運送会社の小型トラックに同乗。乗っていた日本専売公社行橋出張所のたばこ販売業務員（集金員、五十八歳）を苅田町内の飲食店に誘い出して酒を飲ませ、同町内のヤブの中でハンマー、千枚通しなどで殺害。販売業務員の集金かばんから現金二十七万円を強奪した（強盗殺人）。さらに販売業務員殺害が発覚するのを防ぐため、小型トラックの運転手を、その運転席で出刃包丁と手かぎを使って殺害した。この運転手は病弱な妻と幼い子を抱え、「小さい子どもがいるから助けてくれ」と哀願したが、男は容赦しなかった（殺人）。

②静岡県浜松市の貸席は、娘（四十一歳）が経営し、母親（六十一歳）が手伝っていた。その貸席へ、大学教授と名乗って男が訪れて連泊。福岡の事件からちょうど一カ月後の十一月十八日正午ごろ、母親が外出したすきに娘を腰ひもで絞殺。午後六時ごろ、帰宅した母親も絞殺し、現金二万五千円を奪った。その後、その家の主人になりすまして質屋の主人を呼びつけ、衣類、指輪などを入質したほか、電話加入権まで金に替えた（強盗殺人）。

③一九六三年十二月三日、弁護士を装って千葉地裁に現れ、千葉市内の農業女性（五十歳）に「刑務所に入っている息子を保釈してやる」と言って保釈金五万円を用意させ、女性が五万円を机の上に置いてトイレに行ったすきに盗んで逃げた（詐欺未遂と窃盗）。

④十二月七日には、北海道沙流郡《さるぐん》の洋品店主（五十八歳）に、「行方不明になっている次男（同二十四歳）が名古屋で証券詐欺で捕まっている。便宜を図ってやる」と言って、店主を東京まで連れて行き、都内の証券会社で保釈金名目で四万円をだまし取った（詐欺）。

⑤同じ一九六三年十二月二十日夜、東京都豊島区のアパートで一人暮らしをしていた弁護士（八十二歳）宅に、「民事事件を頼みたい」とニセの電話をして訪れ、弁護士の頭をこん棒で殴ったうえ、ネクタイで首を絞めて殺害。現金四万円と洋服類二十五点（十四万円相当）、弁護士バッジ一個、訴訟書類五十六点を奪った（強盗殺人）。

これらの犯行の間にも、逃走先の佐賀市内から行橋署の捜査本部に「私が（福岡県内での）強殺事件の犯人だ。自殺するので絶対捕まらない」と書いたはがきを出したり、岡山県宇野─四国・高松を結ぶ連絡船の甲板上に「先立つ不孝をお許しください」と両親あての遺書を入れた背広や靴などをそろえて投身自殺を偽装したりした。

──裁判長は最後に「主文　被告人を死刑に処する」と述べた。

元運転手は裁判長に深く一礼したあと、被告席に戻り、看守に付き添われ、うつむき加減に法廷を後にした。

■上告取り下げ、死刑確定■

判決時、六年生になっていた教誨師の次女は、死刑判決について感想を聞かれ、「あんな悪い人が世の中にいないようになってほしいです。でもやっぱりかわいそうだ」と痛ましそうな表情で話していたという（読売新聞）。

元運転手は控訴したが、一九六五年八月二十八日に福岡高裁刑事二部で開かれた控訴審判決で、福岡高裁は「犯罪の態様も、動機についても情状の余地は全くなく、金品強奪のために罪のない五人の生命を奪い去り、その方法は残忍凶悪であり、悪質かつ重大な犯罪である。遺族はじめ、一般社会に対する影響もまことに甚大で極刑に処するのはやむを得ない」として控訴を棄却した。

元運転手は上告したが、一九六六年八月十五日付で拘置中の福岡拘置所土手町支所（現・福岡拘置所）から上告取り下げ書を郵送。十六日に最高裁に届けられた。この結果、十五日付けで元運転手の死刑が確定し、一九七〇年十二月十一日に死刑が執行された。

作家佐木隆三氏は、この事件を徹底的に調査して『復讐するは我にあり』を書き下ろした。佐木氏はこの作品で第七十四回直木賞を受賞。作品は後に全面改稿された。

黒い霧事件

刺激的な特報

「N投手（西鉄）が八百長　暴力団の野球トバク〝演出〟20―50万円で手加減」

一九六九（昭和四十四）年十月八日の読売新聞朝刊社会面トップに、ショッキングな見出しが躍った。大扱いされたNの投球写真には「ファンをあざむいた背番号13」の説明が付けられていた。

記事の前文――。「プロ野球パシフィック・リーグの西鉄球団（西鉄ライオンズ、福岡市）は、七日、暴力団にそそのかされて、公式戦の試合で、八百長をやっていた同球団投手、N選手（二七）（現在二軍）を、今シーズン終了を待って解雇することを決めた。また事態を重視したパ・リーグは、十三日に同連盟事務所で緊急理事会を開き、同選手をプロ野球から『永久追放』するという厳しい処分を決める方針。警察庁は、この不祥事に、N選手ばかりでなく、他の選手も巻き込まれているのではないかとみて、同選手と関係した暴力団の組織を徹底的に解明する方針で、七日、関係府県警に捜査に乗り出すよう指示した。プロ野球の選手が八百長事件で球界を追われるのは、これが初めてである」

この報道が、日本プロ野球を揺さぶった「黒い霧事件」の発火点、ライオンズにとってはその後にたどる曲折の歴史のスタートとなった。

ライオンズ黄金時代

西鉄ライオンズが誕生したのは一九五一年一月三十日。

それまで福岡市には二つのプロ野球チームがあった。一つは、戦後間もない一九四八年の第十九回都市対抗野球大会で優勝した西鉄のノンプロチームを母体に設立された「西鉄クリッパース」。もう一つは、西日本新聞社が設立した「西日本パイレーツ」。この両チームが合併し、総監督に三原脩氏を迎えて発足したのだった。

「一番・センター高倉、二番・ショート豊田、三番・サード中西、四番・ライト大下、五番・レフト関口、六番・ファースト河野、七番・セカンド仰木、八番・キャッチャー和田、九番・ピッチャー稲尾」のオーダーに往時の快進撃を懐かしむオールドファンは多い。

このメンバーを軸に、ライオンズは一九五四年に両リーグトップとなるチーム一三四本の本塁打を記録し、初のパ・リーグ優勝を決めた（日本シリーズは中日ドラゴンズに三勝四敗で敗れた）。黄金時代の到来である。

翌一九五五年は南海に九ゲーム差の二位。一九五六年は引き分け数の差で南海を抑え、西鉄が優勝。読売巨人軍との日本シリーズでは四勝二敗で初の日本一に輝いた。一九五七年は二年連続三度目のリーグ優勝、日本シリーズも巨人軍に負けなしの四勝一引き分けと圧倒、連覇を果たした。

一九五八年はリーグ戦も、日本シリーズも劇的だった。オールスター戦前、首位の南海に大きく水をあけられて二位だったが、そこから巻き返し、南海を逆転してリーグ優勝。三年連続の対戦となった巨人軍との日本シリーズは、三連敗の後、稲尾の獅子奮迅の活躍で四連勝、三年連続して日本一の座に就いた。

稲尾は七試合中六試合に登板、うち四試合を完投して西鉄の四勝すべてを挙げた。「神様、仏様、稲尾様」と称せられ、稲尾を含むナインは「野武士軍団」と呼ばれた。とにかく強かった。ところが、一九六三年に五年ぶり五度目のリーグ優勝（日本シリーズは巨人軍に三勝四敗で敗れた）したのを最後に優勝から遠ざかり、一九六七年、この年最多勝の池永正明ら投手陣の踏ん張りで二位になったのが最後のAクラス入りで、翌年はリーグ戦の勝率が四割台に落ち込んだ。

そして、より低迷を深めた一九六九年に、Nの八百長事件が発覚したのである。

黒い霧事件発覚

ライオンズの選手が、野球賭博を資金源にする暴力団と関係があるなどのうわさが広まり、西鉄球団が疑いのある選手の身辺調査を進めるうち、Nら三選手が浮上。「他の二人も実力のある選手」で、驚いた球団が九月末、Nから事情を聞いた。

その結果、Nは「九月初め、同じ球団の中心打者に『四十万円やるからボクの投げる試合では打たないでくれ』と頼んだ事実、他球団の主力選手を福岡市のバーに招待、十数万円のもてなしをした事実と、すべて堺市の暴力団に頼まれたことなどを認めた」。

さらに、Nは、「野球賭博の暴力団の組織と関係し、自分が登板するゲームには一試合二十万～三十万円を受け取り、わざと打ちやすいタマを投げるなど八百長をやっていたほか、同球団の他の選手に対しても『ノックアウトされてくれ』『三振してくれ』と依頼、暴力団から受け取った現金を手渡す役目も引き受けていた」（記事の概略）。

国広直俊社長は「悲しいことだが、球界をめぐる黒いうわさは事実だった」とし、「他の二選手はNに誘われ、一時、八百長に加わっただけで、既に深く反省しているので処分の対象としなかった。投手の場合は球界の発展を内部からむしばみ、ファンをあざむくもので、他球団からトレードの話もあったが、断固処分することにした」などと述べた。当のNは福岡市内の自宅で「決してやましいことはない」と八百長を否定した。

十月八日の読売新聞夕刊は、社会面トップで、「嘆き怒る西鉄ファン」をメインに据えて続報を掲載。「厳正に調査し処分　宮沢プロ野球コミッショナー」「社長と中西監督辞意」「西鉄社長わびる」「背後の組織追及　大阪府警　動く十数億のカケ金」などの見出しを配した。その日の夜、地元・平和台球場での最終戦は、ナインがショックから抜けきれず、南海に九対二で敗れた。リーグ成績も勝率四割五厘で五位だった。

日本プロ野球コミッショナー委員会は十一月二十八日、Nを永久追放処分にした。しかし、球界の「黒い霧」はこれだけでは終わらなかった。

年があらたまった一九七〇年四月五日、八百長の発覚以来、行方が分からなくなっていたNは警視庁の事情聴取に応じ、「八百長をやっていたことは認める。私の外にも（八百長に）関係した選手がいる」などと証言した。

読売新聞は、開幕直前の四月七日、Nの所在を突き止め、東京都内で単独会見。「八百長は全部で三回やった」と、その日時と球場名、対戦相手、勝敗などを挙げた。このうち、『成功したのは対南海戦（七月二十九日、大阪球場での対南海十三回戦　八―五で南海の勝ち）で、投手三人、打者三人の計六人が参加した」と話した。

開幕前日の十日午後、Nは衆院第二議員会館で記者会見、八百長に関与した他の選手について、自身を含めて野手、投手八人の名前を挙げ、「それ以外では昨年夏、他チームの投手に頼まれ、一週間の三、四試合の先発投手を教え、謝礼に十万円受け取った」と明かした。

プロ野球コミッショナー委員会は、Nを除く西鉄の六選手（投手三人、内野手二人、捕手一人）を喚問するなどして調査。そのうえで、一九七〇年五月二十五日の緊急委員会で、池永正明ら三投手を永久追放処分、内野手一人と捕手一人を今季野球活動禁止処分、別の内野手一人を厳重戒告処分とすることを正式に決め、文書で西鉄に通告した（読売新聞五月二十六日朝刊）。

処分の通告を受けて、各選手は「申し訳ない」などと反省の弁を口にしたが、池永は涙を流しながら「神に誓って八百長はやっていない。先輩投手から接待を受け八百長を頼まれたのは事実だが、その後は恐ろしくて試合に出られなかった。……こんなことで永久追放とはひどすぎる」と、絶望と悲しみで顔を真っ赤にしていたという（池永は二〇〇五年四月二十五日、三十五年ぶりに復権した）。

「黒い霧」をいっそう深くしたのが、他球団の選手も関係していたオートレース八百長事件の同時発覚であり、西鉄社長がNに「更生資金」として五五〇万円を渡していた事実だった。当時の読売新聞福岡総局記者は楠根宗生社長と単独会見、金銭授受を認める証言を引き出し、一九七〇年四月二十八日の東京、大阪、西部夕刊社会面トップで特報した。

主力選手が抜けたライオンズは一九七〇年から七二年まで、リーグ戦は勝率三割五分五厘、三割一分一厘、三割七分と三年連続して最下位となった。

低迷と身売り

そして、一九七二年十月二十七日、西鉄は球団を中村長芳・ロッテ球団前オーナーに売却。西鉄ライオンズは二十一年間の歴史に幕を引いた。新球団名は、中村氏のスポンサー、太平洋クラブ（東京都港区）の名前をとり「太平洋クラブライオンズ」とし、監督には西鉄の監督だった稲尾和久氏が就任した。

その四年後の一九七六年十月十二日、ライオンズのスポンサーがクラウンガスライターに代わり、これに伴って球団名も「クラウンライター・ライオンズ」に変更になった。

クラウンガスライターのスポンサー契約（二年間）が切れた一九七八年十月十二日、ライオンズの経営権は、東京に本社を置く西武グループの国土計画に譲渡された。翌一九七九年シーズンから「西武ライオンズ」として、埼玉県をフランチャイズとして、所沢市に新設開場する所沢球場で公式戦を開催することになった。

これで福岡市からプロ野球のチームが消えたわけで、中村氏は「フランチャイズが九州から離れるのは断腸の思いだ」と目頭を押さえたといわれる。

鷹、舞い降りる

それから十年。一九八八年八月二十八日、読売新聞一面トップに「『南海』が平和台移転へ来季にも〝九州球団〟復活　ダイエーが買収交渉　ほぼ合意……」の大見出しが載った。その前文は「大手流通企業のダイエー（本店・神戸、中内㓛社長）がプロ野球パ・リーグの南海ホークス球団を買収、早ければ来季にも福岡市の平和台球場にフランチャイズを移すという構想が関係者の間でほぼ合意に達し、最後の詰めの段階に入っている」と続いていた。日曜日の朝、このニュースに福岡市民は「あのパ・リーグの名門チームが……」と半信半疑だったが、翌一九八九年一月十九日、中内オーナー（ダイエー社長）やフロント、選手ら一八〇人がチャーターした日航機で福岡空港に到着した。

新生「福岡ダイエーホークス」は杉浦忠監督でスタート。その後、監督は田淵幸一氏、根本陸夫氏と交代、本拠地も一九九三年春に日本初の開閉式屋根を持つドーム球場に移した。

一九九四年オフには元巨人軍監督の王貞治氏が就任。二〇〇四年、経営再建中だったダイエーが産業再生機構に支援を要請したことから、ホークス球団はＩＴ企業大手のソフトバンクに売却され、新球団名も「福岡ソフトバンクホークス」になった。

王氏は体調不良で二〇〇八年シーズンを最後に監督を辞任、後任はチーフコーチを務めていた秋山幸二氏、二〇一五年シーズンからは秋山氏に代わって工藤公康氏が采配を振るい、快進撃を続けた。

「よど号」ハイジャック事件

一九七〇（昭和四十五）年三月三十一日朝、東京発福岡行き日航機内で起きた赤軍派学生による「よど号」乗っ取り事件は、日本初のハイジャックで、世界を騒がせるニュースになった。

「よど号」はこの日早朝、羽田を離陸、福岡に向かったが、名古屋上空で日本刀やピストルを持った赤軍派と名乗る学生集団に乗っ取られた。乗員は機長ら七人、乗客は一三一人。その中に乗っ取り犯の学生が含まれていた。犯人は北朝鮮へ飛ぶよう要求したが、機長が「燃料がない」と断り、福岡空港への着陸となった。

午前八時半、読売新聞東京本社からの一報を受けた西部本社報道部の連絡で、福岡総局は福岡空港に記者、カメラマンを走らせた。ほぼ同時に、ボーイング727型機「よど号」は白銀の機体をきらめかせながら着陸し、空港北側の五番スポットに誘導された。昇降口はぴったり閉ざされたまま。空港は全面閉鎖され、空港ビルから五番スポットに面した物陰には、千人を超す警察官が配置された。

読売新聞は総局の後続部隊十人、西部本社報道部の応援部隊（記者五人、カメラマン三人）、さらに東京本社から本社機で警視庁詰めキャップら三人が続々と応援に駆けつけ、取材体制を強化した。

犯人グループは機長を通じて、警察車両の引き離し、燃料補給、北朝鮮の地図などを要求していた。「よど号」を離陸させず、犯人を捕らえる、というのが警備陣の作戦だった。給油をできるだけ引き延ばし、スキがあればもぐり込めるように、警官二十人を給油作業員に変装させて、機体の下に待機させた。

犯人側は繰り返し給油を急ぐよう要求。午後一時過ぎには、「あと十分以内に終わらせなければ、機内に積んでいる爆薬で、機体もろとも爆破する」と言ってきた。警察も百人を超す人質を押さえられているだけに、手を出せなかった。「病人や子供だけでも降ろしてほしい」という乗客の家族の要求を認めさせるのが精いっぱいだった。

「よど号」は午後一時四十分、東側補助滑走路南端で二十三人を降ろし、同五十九分、飛び立った。着陸から離陸まで五時間余り。表面的な動きといえば、着陸と離陸しかない。もどかしく、いらだたしい取材だった。機内の状況も、犯人の数さえも分からなかった。わずかに、離陸間際、病人や子供を解放する際、タラップにちらりと姿を見せた犯人の一人と、彼の持っていた抜き身の日本刀が、機内の異様な緊張と恐怖をうかがわせた。乗員七人と乗客九十九人は、そのまま国外へ連れ去られたのだった。

「よど号」は二時間足らずで、韓国・金浦空港に着いた。北朝鮮行きを指示する乗っ取り機を韓国領土内に強制着陸させたのは、日韓両国政府の偽装工作による。

東岸から三八度線を越え、西に転針したところで、韓国空軍のジェット戦闘機が威嚇射撃を加えたので、「よど号」は旋回しながら三八度線に近いこの空港に降りた。空港には北朝鮮の国旗や金日成首相（のち主席）の写真を掲げて迎えた。

ところが、乗客を降ろす直前になって犯人側が見破り、結果的にはこのトリックが解決を長引かせることになった。最終的には北への離陸を拒否し続けた韓国側が折れ、朝鮮赤十字も人道的立場から受け入れを認め、犯人は四月三日午後、乗員のうちスチュワーデス四人と乗客全

離陸直前「よど号」から解放される乗客（福岡空港）

員を解放した。「よど号」は同夕、乗客の代わりに人質となった山村新治郎運輸政務次官と機長ら三人、犯人九人を乗せて金浦空港を飛び立ち、一時間後に北朝鮮・平壌市の順安空港に着陸した。

乗客らの帰国を迎え、再び福岡空港が取材現場になった。解放された乗客は、その夜、代替機の日航「飛驒号」で福岡経由東京へ帰ることになっていた。金浦で拘禁されていた間に、乗っ取りの模様や機内の状況も断片的には流れているが、ハイジャックの全容を明らかにできるのは、体験者自身でしかない。空港周辺は、各社の膨大な取材陣に取り囲まれた。読売新聞福岡総局は、空港ビル内の税関の一室を借り、前線本部を設置。総勢五十人が集結した。

午後八時二十三分、「飛驒号」は着陸。ロビーに現れた乗客たちは、意外に元気で、出迎えの家族と喜びの対面。恐怖の体験については口が重かったが、マンツーマン取材の成果で、共同記者会見では聞けなかった生々しい話が取材できた。何人かの手首には、拘禁を裏付ける荒縄で縛られた跡の紫色のアザも認められた。

帰国の模様は、四日朝刊一面、二面、三面、四面、五面、社会面を使って詳報された。特に、三面に特報した千葉県松戸市のグラフィックデザイナーの手記は、密室の中で犯人の目を盗んで包装紙や日航の紙袋にメモし続けたハイジャック七十九時間の克明な記録だった。

犯人のほとんどは以来四十四年間、北朝鮮にとどまり続け、祖国に帰った者は二人だけ（一人は服役中に、もう一人は刑期満了で出所後に死亡した）。三人は北朝鮮国内で死亡し、現在、北朝鮮にいるのは四人とされる。

法の網くぐった巨大ネズミ講

■脱税容疑で摘発■

「〝幸福の手紙〟利殖版を摘発　個人史上最高　30億円を超す脱税」――一九七一（昭和四十六）年六月五日の各紙夕刊トップを飾ったのは、熊本市に本部を置く第一相互経済研究所のいわゆるネズミ講に対する、熊本国税局の脱税摘発（強制調査）のニュースだった。

研究所は一九六七年三月から活動を開始、「2万円が528万円に増えます」などをうたい文句に全国から会員を募った。会員は延べ七十万三千人に達し、一九七〇年末時点で七十七億円が会費などの名目で研究所に送られたが、税務署への所得申告を一切せず、重加算税を含め約二十七億円を脱税した、というのが国税庁の発表内容。

第一相研のネズミ講については、熊本県警が違法性がないか過去数回にわたって検討したが、詐欺、出資法違反などの適用は難しいと判断。結局、所得税法違反（脱税、源泉徴収不履行）という最後の手段を行使せざるを得なかった。ネズミ講を脱税で摘発するのは全国でも初めてで、かつて保全経済会事件（生命保険外交員が不正規の利殖機関・保全経済会を設立、年利二割四分をうたって七万人から六十億円を集めたが、破産）を契機に出資法ができたように、ネズミ講規制の新立法の必要性が指摘される事態になった。

国税局は六月に国税徴収法にもとづき所長名義の預金や不動産計十六億円の保全差し押さえをし、十一月三十日、所長を脱税などの疑いで熊本地検に告発。脱税額は約十九億七千万円で、本部ビルなどを追加差し押さえした。地検は翌一九七二年二月十六日、所長を所得税法違反などの疑いで逮捕、三月七日に熊本地裁に起訴した。

その一方、地検は、旧会員の一部から出されていた詐欺罪での告訴については、一九七三年二月二十七日、「構成要件が不足し、証拠不十分」として不起訴を決定した。ネズミ講そのものの違法性は立証できなかったわけで、読売新聞は二十八日の朝刊社会面で「すでに全国で息を吹き返しているネズミ講の新組織が野放しとなり、さらに活発に動きだす恐れが強くなった。第一相研の脱税事件から二年近くも無策のままに放置してきた当局の責任も、今後、大きな焦点になりそうだ」と問題点を指摘した。

事実、第一相研のネズミ講は息を吹き返し、最盛期の一九七六年の入会金収入は一〇九億八千万円に上った。同年十月には東京・日本武道館に会員約一万五千人を集めて創立十周年記念式典を開き、健在ぶりを誇示。豊富な資金をもとに、一流ホテルを次々買い取るなど派手な動きを見せたこともある。会の名称を「天下一家の会・第一相互経済研究所」と改め、宗教法人のベールをかぶり、一時は米国など海外や政界進出も目指す勢いだった。

無限連鎖講防止法成立

しかし、一九七七年三月、長野地裁で「ネズミ講は公序良俗に反する」との判決が出たことから会のイメージがダウンする。決定的な打撃となったのが、京都を中心に関西の大学生を相手に勧誘を始めた「学生ネズミ講」への批判だった。「三十万円が一六五〇万円になる」という触れ込みにつられた学生の中に加入のための出資金を消費者金融で借りる者が続出して大きな社会問題になったのだ。これが引き金となり、一九七八年十月、第一相研のネズミ講を取り締まる無限連鎖講防止法がようやく国会で成立する。十一月八日には、熊本地裁が会長に対し、脱税などで懲役三年・執行猶予三年、罰金七億円の有罪判決を下した。その後、元会員からの会費、出資金の返還請求も相次ぎ、同会は一九七九年四月十一日、「物心両面の助け合い運動として〝合法的〟に活動してきたが、来月十一日から無限連鎖講防止法が施行されるのでこれに従う」とネズミ講を終息させることを決めた。発足以来十二年、最盛期には公称会員一八〇万人を抱え、一日の入会金が五千万〜七千万円ともいわれた国内最大のネズミ講の消滅宣言だった。

会長は罰金のうち四億九七〇〇万円の納付ができず、一九八四年六月、熊本刑務所に労役留置されたが、糖尿病などの悪化で執行停止となり、一九九五年一月二日、腎不全のため六十八歳で死亡した。

最悪のデパート火災

一九七三（昭和四十八）年十一月二十九日午後一時十五分ごろ、熊本市の繁華街・下通商店街にある大洋デパート（地下一階、地上九階一部十階）の本館二階から三階への上り口付近で出火、三階以上の約一万三〇〇〇平方メートルを焼失、八時間後の午後九時すぎ鎮火した。折からクリスマスセール中で約六百人の買い物客が逃げまどい、逃げ場を失った上階の買い物客は、発生した猛煙に包まれて折り重なるように倒れ、死者一〇四人、重軽傷者一二四人に達した。営業中のデパート火災としては一九三二年十二月十六日の東京・日本橋「白木屋」の死者十四人をはるかに上回る最悪の惨事となった。古い建物で、警報器やスプリンクラーがなく、店員たちの避難誘導もほとんどなく、死者の大半は商品や内装材から生じた有毒ガスによる窒息死だった。

読売新聞熊本支局は少人数にもかかわらず、発生から精力的に取材し、二十九日夕刊最終版は一面、社会面のトップで報じた。とりわけ、支局員が地上から撮影した緊迫感あふれる写真が目を引いた。「猛煙に追われ屋上に孤立した買い物客」(午後一時四十分撮影)、「屋上からロープで脱出する女性」(=同一時三十分撮影=)は九、十段ぶち抜きで、大惨事を伝えた。

熊本県警はデパート側の刑事責任を追及、熊本地検は一九七四年十一月、社長ら五人を業務上過失致死傷罪で起訴した。しかし、出火原因は不明のままで、社長と常務は公判中に死亡して公訴棄却となり、他の三人(元取締役人事部長、火元責任者の元売り場課長、防火管理者の元営繕部課員)は最高裁まで争い、無罪となった。

一方、遺族一三九人は株式会社大洋と社長を相手取って総額約三十七億円の損害賠償を求めて提訴したが、一九七六年三月、死者一律二三〇〇万円など総額約十八億円の和解案受け入れを大洋側が表明し、訴訟は終結した。この火災で多額の負債を抱えた大洋デパートは経営が行き詰まり、一九七六年十月に会社更生法の適用を申請、事実上倒産した。

猛煙に追われ屋上に孤立した買い物客

別府三億円保険金殺人事件

一九七四（昭和四十九）年、夫が妻子三人に三億一千万円の生命保険をかけ、乗用車を海に転落させて水死させる、という事件が大分県別府市で起きた。

犯行は極めて計画的。不動産業の男が一九七三年六月ごろから、自動車保険や子供を被保険者とする生命保険の仕組みなどを調べるとともに、母子家庭を物色して、一九七四年七月ごろ結婚。九月二日から十一月五日までの間に、立て続けに保険会社六社との間に、妻とその子供二人（十二歳と十歳の姉妹）が交通事故で死亡した場合の保険金が合計三億一千万円にのぼる契約を結んだ。自分は契約者にも被保険者にもならず、三人が死んだ場合、親権者として自動的に保険金が入る巧妙な仕組みだった。

そして、十一月十七日夜、妻子を乗せた乗用車を運転して別府市の国際観光港のフェリー岸壁から転落させ、数秒後に自分だけが脱出、三人は水死した。だが、「保険金目当てではないか」との情報がすぐに流れ、翌十八日の読売新聞夕刊は「事故？　心中？　それとも殺人」「車の一家四人海へ　保険かけ　父親だけ助かる」と報じた。

その日から姿をくらまし、妻子の葬儀にも姿を現さなかった男は事故から六日目の二十二日、保険会社に保険金請求の意思表示をし、警察にも事故証明の発行を申請した。保険各社、警察は拒否したが、男はテレビのワイドショーにも出演し、「妻が運転していた。事故だ」と潔白を主張し、全国の注目を集めた。

だが、大分県警は十二月十一日、保険金目当ての犯行と断定。この日、テレビ出演して途中で席を立った男を殺人容疑で逮捕、大分地検は翌一九七五年一月二日、殺人罪で起訴した。男は犯行を完全否認、物証のない起訴だったが、検察側は①妻の遺体解剖で、運転していたのは本人、妻は助手席にいたことが判明。被告が妻子を乗せて車を運転しているのを見たとの目撃証言がある②横浜港での転落実験、別府国際観光港での脱出実験で、被告の主張は覆る③ブローカーとして行き詰まり、金に困っていた。三億円余の保険金契約が犯意を証明、など状況証拠がそろっている――と主張した。

大分地裁は一九八〇年三月二十八日、検察側の主張を大筋で認め、求刑通り死刑を言い渡した。状況証拠だけで死刑を言い渡す異例の判決で、被告は即日控訴したが、二審判決も死刑。最高裁への上告中、一九八九年一月十三日、がん性腹膜炎のため、東京都八王子市の八王子医療刑務所で死亡し、公訴棄却となった。

パクリ屋が暗躍した橘百貨店倒産

禁断の融通手形出回る

一九七五（昭和五十）年八月二日、宮崎市のメインストリート橘通りに七階建ての店舗を構える橘百貨店のシャッターは開かなかった。大手スーパーとの提携が破談となり、メイン銀行が救済融資を断念した話は、すでに前日、市中を駆けめぐっていた。記者会見した社長は疲れ切った表情で、この日決済すべき手形が不渡りになることを告白した。負債総額七十六億六千万円。南九州経済界トップクラスの座から「倒産企業」への転落。全国流通業界空前の負債、九州倒産史上最高規模、九州初のデパート倒産という「三つの不名誉」もこの瞬間に確定した。

しかし、この倒産劇では、業界では絶対の禁物になっている融通手形を橘百貨店が振り出し、パクリ屋（手形をだまし取る悪質な金融ブローカー）の手玉に取られて、回収できなかったことが経営再建の致命傷となっていたことが明らかになった。流通革命といわれた「大手スーパーの相次ぐ進出と、それを迎え撃つ地方百貨店」という図式の裏に潜む金融ブローカーの暗躍がクローズアップされた経済事件でもあった。

パクリ屋暗躍の舞台となった橘百貨店

橘百貨店が振り出した融通手形は額面にして総額五億五千万円。このうち一億三千万円は手形のまま回収したが、三億六千万円がパクられ、残り六千万円分がさんざん割り引かれ、二五〇〇万円の金になって戻ってきただけである。

しかも、手形回収費に三三〇〇万円を出しているので、収支決算などあったものではない。融通手形の発行は、紙切れで金をつくる錬金術のようなものといわれるが、決まってと言っていいほどパクリ屋にかすめ取られるものである。

ドキュメントで深層をえぐる

だが、報道各社にとっては、闇の世界の人物が複雑に絡み、舞台も宮崎という地方を中心にして福岡、山口、大阪、静岡、東京、さらに東北へと及ぶ「つかみどころのない事件」だったことから、どう取材し報道するか苦しんでいた、というのが実情だった。そうした中、読売新聞西部本社社会部は入り組んだ事件の真相（深層）を調査報道によって読者に伝えることを決め、十一月十七日から四十三回にわたって「パクリ屋・百貨店倒産のかげで」と題するドキュメントを連載、その全貌を報じた。

取材チームは社会部次長と記者三名。「百貨店倒産の背景」（第一部）、「パクリ屋の暗躍」（第二部）、「再建への道筋」（第三部）の三部構成で、東京、大阪、静岡などへ何回も取材の足を運んだ。

最初は警察庁、検察庁の箝口令が厳しく「これで連載ができるのか」と思い悩むほどだった。準備にかかった十月下旬は、百貨店が店の一部での営業再開を目指して、冷え切った問屋筋との交渉に必死になっていたし、宮崎県警特捜本部と宮崎地検は、次々に逮捕したパクリ屋を起訴に持ち込めるかどうかの詰めの段階に入っていた。関係者がもっとも神経過敏になり、貝のように口を閉ざしていた時期だった。そのなかで、パクリ屋グループがいかに舞台装置を整え、わなを仕掛け、獲物を奈落へ突き落とすかの過程を克明に追求しようとするのだから、取材は困難を極めた。

連載を始めると、さすがに反響には手応えがあった。ある銀行幹部が「読売のパクリ屋を読んでいるか」と部下に尋ねたら、その部の全員が机の引き出しから記事の切り抜きを取り出したという話も届いた。手形パクリ事件の内容が詳しく報じられるにつれて、関係者は協力的になっていった。連載は話題となり、北九州や福岡など九州の銀行、百貨店関係者の注目を集め、「連載はいつまで続くのか」「本になるのか」など読者の問い合わせが販売店や本社に相次いだ。

連載は一九七七年三月、読売新聞社から『パクリ屋・手形詐欺師』のタイトルで単行本として出版された。

倒産した橘百貨店は一九七六年十一月に再建計画案を宮崎地裁に提出して認可された。翌一九七七年一月十日、年明けからの「閉店一掃セール」を終え、四億円分の商品を処分、創業以来二十四年間続いたのれんを下ろし、大型スーパーとの提携で再出発を図ることになった。

北九州市の病院長殺害事件

一九七九（昭和五十四）年十一月十日の読売新聞朝刊社会面トップに「富豪病院長が失跡五日　小倉」「妻へ二千万円準備指示」「ホテルに不審な男　引き渡し要求、失敗」という記事が五段で載った。「病院長殺害事件」の始まりだった。この事件は、交際好きの病院長を拉致、監禁した二人組の男が現金受け取りに失敗し、病院長を殺害、遺体をバラバラにしてフェリーから投げ込むという凶悪事件だった。

事件の概要は、十一月四日午後九時ごろ、北九州市小倉北区の病院長が行き先を告げずに外出。翌五日午前九時すぎになって「買い物をするので二千万円を準備してくれ」と自宅に電話があった。同十一時半ごろ、妻がタクシーで指定された市内のホテルに着くと、病院長からフ

病院長の遺体が漂着した大分県国東半島沖

ロントに電話があり、「金をフロントに預けて帰っていなさい。心配しないでいい」と言われ、銀行の紙袋に現金を入れ、フロントに預けて帰宅した。

約一時間半後にセールスマン風の男が、翌六日朝には暴力団員風の男がそれぞれホテルに現れ、「病院長から預かったものをくれ」と引き渡しを要求したが、預かり証を持っていなかったので従業員から断られ、そのまま立ち去った。病院長の妻は二千万円が受け取られていなかったため自宅へ持ち帰り、七日午前、福岡県警小倉北署に捜索願を出した。

同署は、市内有数の資産家として知られる病院長が事件に巻き込まれたとの疑いを強め、捜査に着手。十五日午後になって、大分県国東半島沖合のノリ漁場に毛布でくるまれた首と両足のない胴体が漂着。司法解剖の結果、病院長と分かった。

三カ月後の一九八〇年二月、病院長と顔見知りの釣具店経営者とスナック経営者を追及、自供に追い込んだ。二人は遊ぶ金ほしさに、病院長から大金を奪って殺害しようと計画。一九七九年十一月四日夜、「女性歌手に会わせる」とだまして、病院長をスナックに誘い込んで監禁。猟銃で脅したうえ、あいくちで胸を切りつけて重傷を負わせ、所持金約九十五万円を強奪した。さらに翌朝、自宅に電話させ、二千万円を奪おうとしたが、受け取りに失敗。その後、出血で衰弱した病院長の首を絞めるなどして殺害、遺体をバラバラに切断して、小倉発松山行きフェリーから国東半島沖の海中に捨てたのだった。

強盗殺人、死体遺棄罪で起訴された二人は、一、二審で死刑判決を受けた。最高裁も一九八八年四月十五日、「極めて計画性の強い悪質、非道な犯行で、動機に酌量の余地もない」と上告を棄却。一九九六年七月、福岡拘置所で死刑が執行された。

覚醒剤ネコババ事件

■特ダネに激しい抗議■

一九八一（昭和五十六）年十月十九日夜、入社三年目の読売新聞社下関支局の記者が、大変

なことを聞き込んできた。下関水上署の警備艇乗組員が、韓国からの密輸入事件で押収した覚醒剤の一部を盗んで捕まったらしい、というのである。

ところが、支局挙げての裏付け取材が終わった直後、下関、下関水上両署長が共同で記者会見し、「水上署の警備艇航海士が、押収品の覚醒剤結晶約一キロの中から〇・〇二九グラムをネコババしていた」と発表した。本紙の取材を察知し、早手回しに発表したものだったが、事前取材でつかんでいたネコババ量（四グラム）との開きが大きすぎることに、読売新聞下関支局は不審を抱いた。

当時、覚醒剤常用者の一回の使用量は「〇・〇三グラム」とされ、この量が起訴、不起訴の一つの目安になっており、「起訴逃れのために、警察が盗んだ量の数字を操作したのではないか」との疑念を深めたのである。

その後の取材で、まず、覚醒剤を持ち込んだ韓国人船員の逮捕手続き書と、山口県警科学捜査研究所の証拠品鑑定結果、起訴状とでは、同じ押収品なのに分量が大きく違っていることが分かった。十一月三日朝刊でこの内容を報道したところ、警察側は四日、「実は航海士は別に一・三三一グラムを隠し持っていた」と訂正した。

「徹底的に洗い直そう」とさらに取材を進めると、「航海士だけでなく、複数の現職捜査員がネコババに関与している」という驚くような情報が飛び込んできた。信憑性は高いが、警察の威信失墜を招く重大な内容だけに裏付けに走り、覚醒剤を盗んだ捜査員二人を特定。十三日朝刊一面トップに「署員が覚醒剤山分け　上司が押収、口止め」のスクープ記事を出稿した。

確かな裏付けのある記事だったが、山口県警と両署は十三日午前中の記者会見で「事実無根」としたうえ、「読売に対しては（名誉毀損で）告訴するなど法的措置も含めて厳しく対応する」などと全面否定した。読売新聞山口支局（現・山口総局）には県警本部長名で、読売新聞下関支局には下関、下関水上両署長名で、記事取り消しと謝罪を求める抗議文を突きつけてきた。

さらに真実の追求を

報告を受けた読売新聞西部本社編集局長は「確信をさらに裏打ちする続報で対抗せよ。ただし、ニュースソース秘匿はすべてに優先する」との指示を出し、社会部からは下関支局を経験し、北九州で警察キャップを務めた記者のほか、山口支局からも記者一名が応援に駆けつけた。

一方、「警察側は読売の取材源探しに躍起になっている」との情報が相次いで支局に寄せられ、取材陣は支局内や互いに電話で連絡し合うときも仮名で呼び合い、外出時にはサングラスやジャンパー、コートなどで変装し、取材先を隠すため車は必ず目的地から離れたところに止めるなど、細心の注意を払って取材を続けた。

事件の関係者としてマークした県警保安課捜査係主任は二十一日、記者が山口市の自宅を探して直あたり。厳しいやりとりでクロの心証をつかんだ。

この主任は「あんたに奥さんがいたらポン中（覚醒剤中毒）にしてやる」「ポケットに気をつ

けろ（こっそり覚醒剤をしのばせ、不法所持の現行犯に仕立ててやるという意味）」と警察官とも思えないすごみをきかして威圧しようとしたが、それが限界だった。その後、にわかに連続欠勤。それを怪しまれて山口県警捜査一課から事情聴取を受け、「覚醒剤密輸事件の応援捜査に出張した際、証拠品の点検中に約六グラムを盗んだ」と自供。その供述から、水上署刑事防犯課主任が課長のカギを使って署内の証拠品保管ロッカーから約十グラムの結晶片を盗んだことも分かり、二十五日夜、二人が同時に逮捕された。

もちろん読売新聞は、二十六日朝刊早版から先行。その後の版では一面トップで県警の発表事実を報じるとともに、本紙報道を事実無根とし、抗議したことへの山口県警本部長の謝罪（一問一答）や、矛盾だらけの捜査の問題点などを社会面で厳しく批判した。山口県警本部長は十二月三日の県議会で、捜査の不手際を公式に陳謝し、不祥事の全容解明を誓った。

捜査現場の腐敗を見逃して事実無根の抗議を行った山口県警の強硬姿勢は、本紙報道が事実だったことでもろくも崩れた。

佐賀替え玉保険金殺人事件

一九八一（昭和五十六）年一月二十二日午前零時四十分ごろ、佐賀県肥前町（現・唐津市肥前町）の星賀《ほしか》港岸壁わきの海に乗用車が沈み、車内で男性が死亡しているのを、夜釣りに来た人が見つけた。佐賀県警は、財布内の名刺、遺体を確認した妻と愛人の「夫です」「社長に間違いありません」との証言から、北九州市小倉北区の水産会社社長と判断した。免許証はなかった。

乗用車の後部に追突されたらしい痕跡が残るなど、事故にしては不審な点があり、警察は自殺、他殺の面からも捜査。社長に巨額の借金があり、多くの保険に入っていたこともつかんだ。さらに、①社長の頭に鈍器で殴られたような傷がある②転落現場近くの人が、車のぶつかる音、急発進する音を聞いていることなどが分かり、警察は同日のうちに、社長は暴行を加えられ、意識を失ったまま車に乗せられ、別の車に後ろから押されて海に落とされた殺人事件と断定、二十三日に唐津署に捜査本部を設け本格的な捜査を始めた。

その日の午後、遺体が小倉北区の自宅に到着した。社長の母親ら多くの人が遺体の顔を見ようとしたが、妻は「顔が傷んでいるから見ないで」と叫ぶような声をあげたという。

福岡県警も二十四日、小倉北署に捜査本部を設け、妻と愛人に小倉北署への出頭を求め、二十五日から参考人聴取を始めた。

二十七日になって、愛人は「（社長殺害の共犯者は）主人です。社長の運転するスカイラインに夫が乗り、私はレンタカーを運転して星賀港へ出発、途中の松林で社長をバットで殴ってトランクに詰め、星賀港へ車ごと突き落としたのです」と供述。捜査本部内で論議はあったものの、愛人を殺人容疑で逮捕するとともに、その夫の逮捕状を請求した。

ところが、二十八日朝から取り調べを受けていた妻が午後になって、突然「死体は主人ではなく、別人。主人は生きています」と自供を始めたのである。捜査本部が、遺体発見時に採取した指紋を警察庁に送って照合したところ、車内で死亡していたのは福岡市西区の大工と分かった。この事実を突きつけられ、愛人も妻の供述が事実であることを認めた。

大工は、社長が自分の替え玉として殺害するため若松競艇場で声をかけ、船券購入用に五千円を渡した相手だった。レース後、「自宅に送るから」と車に乗せ、首を絞めてバットで殴り、トランクに詰めたのだという。夜釣り客が、海中に張られたもやいロープに引っかかった車のトランクから漏れるうめき声を聞いており、その時点で大工は生きていた。その後、車は海中に沈み、大工は水死した。

被害者が犯人、しかも首謀者だった。遺体発見時、指紋照合などの基本的な確認をせず、妻と愛人の証言をうのみにし、遺体は社長だと誤認していた捜査本部は、このどんでん返しに「血の気を失った」（読売新聞）という。大失態だった。

捜査本部は緊急記者会見を開き、この「どんでん返し」を発表した。予想もしなかった展開を説明するには、初動捜査の失態に触れざる得ない。苦渋に満ちた表情での会見が終わりに近づいたころ、小倉北署の捜査一課長が飛び込んで来て、「水産会社社長、鉄道自殺」の一報をもたらした。社長の所在は捜査本部もつかんでいなかった。会見場は騒然となった。

社長はこの日午後七時四十分過ぎ、下関市のJR山陽線新下関駅六番ホームから、小郡（現・新山口）発下関行き下り普通電車に飛び込んだ。即死状態だった。ホームに残されたジャンパーのポケットに札入れ、社長名義の運転免許証、さらに手提げかばんの中に「佐賀、福岡県警捜査本部長殿」とボールペンで書かれた遺書が入っていた。

その遺書などによると、社長は、水産会社の放漫経営から四億円近い（警察の裏付け捜査では二億八千万円）借金があり、金利だけでも月の支払額が五百万円にのぼった。多額の保険に入り、それを担保に借金するという方法を取り、「どうにもならなくなっていった」。

社長が契約した計四社、九口の保険金の受取総額は普通死亡時で二億七千万円、災害死亡時で四億一五〇〇万円。借金を返済するには保険金を手にすること、それには自分が業務中に事故死するのが一番、と考えた。妻と愛人に保険金殺人を持ちかけたが、猛反対され、替え玉保険金殺人を思いついた。それを計画、実行したのは自分だと認めている。遺書の末尾に、大工について「名前も分からない人ですが、一日も早く捜し当て、ご冥福をお祈りしてあげてください。……何と御詫びして良いか分かりませんが、せめて私の命にかえて御詫びさせていただきます」と記していた。

大工の「棺のない葬儀」は二十九日午後に営まれた。また社長の二度目の通夜、葬儀も同じ日に行われたが、遺体を迎える親族の姿はなかった。

保険金目当ての殺人事件は、▽妻子に三億一千万円の生命保険をかけ、車を海に転落させて死亡させた事件（本書に収録）▽一九七七（昭和五十二）年九月から七八年七月にかけ、愛知県の運送会社社長らが従業員ら三人に六億円の保険をかけて殺害した事件▽一九七八年十一月、京都市で金融会社社長が銀行支店長に二億八千万円の保険をかけ、元暴力団員二人を使ってひき殺した事件▽一九七九年五月、福岡市の無職の男らが土木作業員に六千万円の保険をかけてダンプカーでひき殺した事件など、全国的に多発した。

この替え玉保険金殺人事件は、本来は相容れない妻と愛人が計画段階から加担し、内心はともかく外形的には協力し合って社長の指示に従った点でも特異だった。

美容師バラバラ殺人事件

一九九四（平成六）年三月三日、九州自動車道玉名パーキングエリア（熊本県）で、清掃作業員がビニール袋から人の左腕を見つけた。さらに一時間半後、山川パーキングエリア（福岡県）で黒いビニール袋に入った右腕を警察官が発見。翌四日には山川パーキングエリアで回収したゴミの中から左手首、JR熊本駅のコインロッカーのビニール袋などから二つに切断された胴体が見つかった。

七日になって福岡市中央区の美容師（三十歳）の両親が福岡県警に行方不明の届けを出し、指紋が遺体のものと一致。十四日には熊本県阿蘇町（現・熊本県阿蘇市）の原野で左脚が発見された。熊本、福岡両県警の捜査本部は、被害者が事件直前まで勤務していた美容室の元同僚女性（三十八歳）の犯行とみて、十五日朝、任意同行を求めて取り調べを始めた。元同僚女性は当初、否認していたが、二十四日までに「口論の末、殺してしまった。遺体の処理に困り、バラバラにして車で捨てて回った」と犯行を認めた。

事件は、遺体発見から三週間で解決したが、この事件を読売新聞はいかに取材したか。被害者の身元判明から三日後の三月十日夜、二年前まで捜査一課を担当していた遊軍記者が、知り合いの捜査員から「美容室店員の総リーダーをマークしておいた方がいいよ」との情報を得たことで、取材は一気に加速した。

翌日、別の記者二人が美容室を張り込み、仕事帰りの総リーダーを尾行した。西鉄福岡駅から大牟田行きの電車に乗ったあと、人混みに紛れて見失ったが、「遺体を包んだ広告紙の配布区域から、筑紫地区の大牟田線沿線に住んでいるはず」と考え、電話帳から総リーダーと同姓を抜き出し、片っ端から電話をかけた。十数回目の電話に応対したのが、なんと本人だった。

続いて、「犯人はレンタカーを使っている」という県警担当記者の情報をもとに、手の空いた記者がレンタカー会社へ電話をかけ続け、これも十数回目で「ご本人（総リーダー）が借りにこられましたよ」との裏付けを取ることができた。そして、だめ押しは、レンタカー情報をもたらした記者がつかんできた「九州自動車道の通行券から総リーダーの指紋が検出された」という決定的な情報だった。

こうした積み重ねで、三月十四日夕刊一面トップで「重要参考人　30代の女性浮かぶ」を特報。翌十五日朝刊一面で「元同僚女性に逮捕状」、二十一日朝刊一面で「容疑者単独犯とほぼ断定」、二十四日夕刊一面トップで「容疑者が殺害自供」と重要な節目で連続してスクープした。

光市母子殺害事件

少年に死刑判決

一九九九（平成十一）年四月十四日午後、山口県光市内の社宅アパートに住む会社員方に近くの少年（十八歳、会社員）が侵入、会社員の妻を襲った。少年は抵抗する妻の首を絞めて殺害した後、強姦。さらに母親に取りすがった生後十一カ月の長女が泣きやまなかったため、床にたたきつけたうえ、ひもで絞殺。二人の遺体を押し入れや天袋に隠し、妻の財布を盗んで逃げた。少年は四日後に逮捕された。

少年は殺人・強姦致死罪で山口地裁に起訴され、判決は無期懲役。二審の広島高裁も一審判決を支持したが、検察側は犯行態様の残酷さや遺族の厳しい処罰感情に配慮して上告に踏み切った。

最高裁は二〇〇六年六月二十日、「犯行時十八歳になって間もない少年だったことは、死刑選択の判断に当たって相応の考慮を払うべき事情だが、死刑を回避すべき決定的事情とまではいえず、犯行態様や遺族の被害感情などと対比する上で、考慮すべき一事情にとどまる」などとして二審判決を破棄する判決を言い渡した。「少年事件で被害者二人」の場合、従来は「無期懲役相当」というのが裁判官の感覚だったが、この最高裁判決はこうした量刑判断から大きく踏み出したものだった。

広島高裁の差し戻し審では、被告は被害者を殺害後、強姦したことについて、「山田風太郎の『魔界転生』という小説で、乱暴することで復活の儀式ができるので、生き返ってほしいという思いがあった」などと主張したが、裁判長は「不自然で不合理。供述の変遷がみられ、虚偽の構築で、とうてい信用できない」とことごとく否定し、二〇〇八年四月二十二日、死刑判決を下した。被告・弁護側は上告したものの、二〇一二年二月二十日、最高裁は棄却し、死刑が確定した。

被害者取材にも一石

最高裁の量刑判断が変わった背景には、犯罪被害者を取り巻く世論の高まりがあった。被害者遺族の会社員は一審の山口地裁では、裁判所職員に遺影の持ち込みをはばまれ、法廷で意見陳述することも、公判記録を閲覧することもできず、「敵は被告だけでなく、刑事司法そのものだったような気がする」と語っていた。

会社員は事件から半年後の一九九九年末、同じく妻を殺害された犯罪被害者（遺族）である弁護士と連絡を取り、二〇〇〇年に発足した「全国犯罪被害者の会（あすの会）」の幹事として被害者の参加が可能な刑事司法の実現を訴えてきた。二〇〇三年七月には、小泉純一郎首相に面会し、犯罪被害者の実情を訴え、これを契機に二〇〇五年四月施行の犯罪被害者等基本法が成立した。

会社員は新聞、雑誌、テレビなどマスコミの取材に積極的に応じて、刑事司法の問題点を指摘し、極刑を求める峻烈な遺族感情を率直に表明し続けた。読売新聞は事件発生当初から、徳山支局（現・周南支局）の若手記者が会社員と信頼関係をつくり、山口総局にバトンをつないでていねいな報道を続けていった。基本法の成立、司法制度の改革（裁判員裁判の導入など）ともリンクして、刑事裁判に被害者が参加して被告人に質問し、意見陳述ができる「被害者参加制度」の実現など司法改革のうねりも、東京本社の司法担当記者の協力を得て存分に紙面展開することができた。

この事件の取材を通して、報道界の犯罪被害者遺族に対する取材姿勢も大きく変わっていった。「被害の当事者の声を聞き、紙面に反映させる」という基本姿勢から、事件発生時の取材方法（集中的過熱報道、遺族など関係者に接する際の取材態度など）にも改善が図られるようになっていったのである。

少年の心の闇

一九九〇年代後半から、凶悪犯罪の低年齢化が社会問題となってきた。殺人などの重大な結果と、犯行に至る動機のあいまいさ（不可解さ）のギャップの大きさが、社会を揺るがしたのである。名付けようのない犯罪の根っこにあるもの。読売新聞西部本社は「心の闇」という言葉を手がかりに、こうした少年事件の背後にあるものを探り出そうと取り組んできた。

バスジャック

二〇〇〇（平成十二）年五月三日午後一時三十五分ごろ、佐賀発福岡・天神行きの西鉄高速バス「わかくす号」が、九州自動車道を走行中、福岡県の太宰府インター付近で、刃物を持った乗客の男に乗っ取られ、九州、中国、山陽自動車道を約三〇〇キロ、東へ走った。

午後二時四十五分すぎ、北九州市門司区の旧畑バス停留所付近にトイレのため停車した際、バスを降りた佐賀市内の女性が逃げ、非常電話で通報した。

パトカーの誘導で、バスは広島県東広島市の奥屋パーキングエリアで一時停車、女性客三人

乗客に包丁を突きつける少年

を解放したが、うち佐賀市の女性が首を刺されて死亡、他の二人も胸などを刺されて重軽傷を負い、途中で窓から飛び降りた男女二人もけがをした。バスはその後、再び東へ向かったが、給油のため東広島市の小谷サービスエリアで止まった。

福岡県警などの調べで、男は佐賀市内の十七歳の少年と分かり、家族を同サービスエリアに呼んで説得。広島県警とＳＡＴ（特殊急襲部隊）が翌四日午前五時三分、停車中のバスに突入、人質による強要行為等処罰法違反などの現行犯で少年を逮捕、人質になっていた女児ら九人と運転手を十五時間半ぶりに救出した。

バスジャックの発生を察知すると、読売新聞佐賀支局は全員を招集、本社編集局には社会部長、地方部長、デスク、記者が次々に出社。山口総局に取材指示する一方、福岡総本部や各支局に佐賀に応援に入るよう指令を飛ばした。

同時に社会部記者がカメラマンとともにバスを追走。山口総局からもカメラマンが出動、徳山支局記者は下松サービスエリアで待ち受けた。バスが、山口県警が張った阻止線を抜けて東進すると、岩国通信部（現・岩国支局）記者が追走に加わった。

本社カメラマンの一人はヘリコプターでバスを追尾。バスが小谷サービスエリアで停車すると、西部本社の記者四人、写真部員四人に、大阪本社広島総局記者、同地方部記者と同写真部記者が合流、「読売現地取材班」を設けて取材を続けた。

一方、佐賀支局では、応援の記者を含めて佐賀県警、佐賀県教委、西鉄佐賀自動車営業所、佐賀から福岡へ初めての一人旅の途中、人質にされた女児宅、帰宅した乗客や運転手の自宅などに張り付き、取材を続けた。

朝刊最早版の12版は「福岡県警などが、男は、佐賀市内の十七歳の少年とみて調べている」段階だったため、一面の主見出しは「包丁男、高速バス乗っ取る」、前文の後に「17歳、現金と短銃要求」と掲げた。三面にグラフ、社会面は見開きで展開した。社会面「恐怖　走る密室」は車内の見取り図を添えて、奥屋パーキング、被害者家族、脱出者などで構成。社会面「無事でいて…」は捜査関係者や危機管理の専門家の分析、西鉄の対応、ドキュメント。

13S版から、主見出しに明確に「十七歳」を打ち出し、「17歳、高速バス乗っ取る」とした。

死亡した女性の顔写真も入り、同じ版の二社面に「国内で発生した主なバスジャック事件」を表組みするなど手厚くなっていった。

最終版では、旧畑バス停留所付近で下車した女性からの通報で初めて事件発生が分かった点を取り上げ、「乗員1人　無防備バス　不審者のチェック困難／探知機必要の指摘も」と加えた。

少年が逮捕されてからは、広島県警が捜査本部の中心となり、佐賀支局は広島総局と連日、取材情報を交換しながら執筆した。

少年は五月十五日、殺人、殺人未遂容疑で再逮捕された。読売新聞はその翌日から、社会面で、「犯行への軌跡などを検証する」として、事件ものでは初めて大阪本社地方部と共同制作した企画「見えない心」（全五回）を連載した。朝日新聞が五月十八日付から「闇の中で　西鉄高速バス乗っ取り事件」、毎日新聞は六月四日付から「十七歳の闇　殺意への回路」を連載した。

少年は六月五日、広島家裁に送致され、家裁は二週間の観護措置を決定、身柄を広島少年鑑別所に移した。広島家裁は、少年の審判は「少年と保護者の住所地を管轄する佐賀家裁の方がより適切」と判断、事件を佐賀家裁へ移送、少年も佐賀少年鑑別所に移され、精神鑑定が行われた。

その鑑定書の全容を入手し、翌二〇〇一年四月二十三日付から朝刊一面、社会面で「ふたりの自分――バス乗っ取り精神鑑定から」（八回と別に番外編）を連載。少年の心の崩壊過程を詳細に分析、克明にたどるとともに、その背景にも迫った。それは識者や関係者からの高い評価とともに、読者からも多くの反響を得ることができる内容だった。

■園児殺害事件■

二〇〇三年（平成十五年）七月二日朝、長崎市万才町の立体駐車場（七階建て）敷地内で、同市内の幼稚園男児（四歳）が遺体で見つかった。園児は前日夕、大型電器店に家族と一緒に買い物に来て行方不明となり、長崎県警浦上署などが捜していた。

遺体発見現場は電器店から約四キロ。園児は衣服を脱がされ、ハサミで体の数カ所を傷つけられ、頭から血を流していた。司法解剖で、死因は転落で頭を強く打ったためと判明。県警は何者かが園児を連れ去り、高さ二二メートルの屋上から突き落としたとみて、未成年者誘拐、殺人事件として捜査を始めた。

発見現場に近い同市浜町のアーケードに設置された防犯カメラの録画映像に、園児が若い男と手をつないで歩く姿が残っていたことから、捜査本部は同市内の中学一年男子生徒（十二歳）を突き止め、九日、この生徒を補導し、児童相談所に通告した。少年法や刑法の規定で、十四歳未満は刑事手続きができないための処置だった。

調べによると、生徒は春以降、自宅周辺で幼い男児に声をかけ、エレベーター内で体を触ったり、衣服を脱がせたりするいたずらを繰り返していた。園児が誘拐された大型電器店に近い複合商業施設で四月下旬に起きた二件の幼児連れ去り事件を含め、二十件前後にのぼるという。

十二歳の犯行に、世間は戦慄した。一九九七年の神戸の児童連続殺傷事件で、社会は「十四歳の衝撃」に戸惑ったが、今度は「十二歳」である。今回の加害少年は、学校では「成績トップクラス」で、日頃の素行についても評判はよく、残虐性をうかがわせるような証言もなかった。

加害少年は長崎家庭裁判所に送致、少年審判が行われ、裁判長は生徒の精神鑑定を行うことを決定した。鑑定結果は「広汎性発達障害」とされ、家裁は九月二十九日、対人関係に問題を伴う発達障害（対人的共感性の欠如）や男性性器への異常なこだわりを誘拐の背景と認定、殺害については「現場で防犯カメラに気づいて動転し、逃走の邪魔になる被害者を突き落とした」と判断した。そして、少年を児童自立支援施設に送致して一年間の「強制的措置」を認める保護処分を決定した。

遺体発見現場の近くに設けられた
献花台の前で手を合わせる女性

加害少年はその後、同支援施設で更生教育を受けた。毎年、「強制的措置」が更新され、事件発生から五年後の二〇〇八年九月に退所するが、里親宅に向かう途中失踪し、二日後に保護された。この時、「自殺するつもりだった」と語ったという。その後退所したが、時期、理由は公表されていない。

この事件では、低年齢化する凶悪犯罪の処罰のあり方や、少年の更生を建前として厳秘だった少年審判内容の開示などが大きな関心を集めた。読売新聞は事件の詳報とともに、こうした広い視点からの解説や問題提起を続報として丹念に報じた。

少年犯罪の低年齢化は英米など海外でも同様の問題を抱え、厳罰で臨む傾向にあることを、ロンドン、ロサンゼルスの特派員からのリポートとしていち早く報じた（二〇〇三年七月十一日の国際面）。また、家裁での被害者の父親の意見陳述もその詳細を特集面をつくって掲載（九月二十五日付）。発達障害が引き起こしていた少年の異変に気づかなかった教育現場の「学力重視」の姿勢の指摘（九月三十日付社会面解説）。さらに、三年後の二〇〇六年七月に加害少年の両親が公表した謝罪と犯行に関する感想を記した手記も掲載した（七月十五日付社会面）。

佐世保小六女児殺人事件

長崎市の園児殺害事件から十一カ月後の二〇〇四（平成十六）年六月一日、長崎県佐世保市の市立小学校三階の学習ルームで、六年生女児（十二歳）が、同級生の女児（十一歳）にカッターナイフで首を切られ、死亡する事件が起きた。頸部《けいぶ》が切られたこと、凶器の種類、現場の状況から、長崎県警佐世保署は殺人事件とみたが、加害女児が刑事罰の対象年齢に達していないことから補導し、児童相談所に通告した。

犯行の動機について女児は「インターネット上で、自分のことについて（被害女児が）書き込んだ内容が面白くなかった。いすに座らせ、後ろから手で目隠しして切りつけた。殺すつもりだった」と淡々と供述したという。

取り調べや調査に当たった関係者は、年齢相応の女児の幼さに戸惑った。犯行は極めて計画的で残虐ともいえるものだけに、そのギャップは大きく、事件の全容を簡単には了解できなかったのである。さらに、ネット利用者の低年齢化が進み、子供たちにも人気の即時双方向の会話を楽しむ「チャット」でのトラブルが事件の引き金になったことは、ＩＴ教育を推進する教師や教育関係者にも衝撃を与えた。

同署や市教委によると、被害女児は四年生の時、長崎市から転校してきた。成績優秀で、はきはきとした、明るい性格。パソコンで台本をつくり、自分も出演するビデオ映画を制作するなど活発で、学校のリーダー的存在になっていったという。

加害女児とは仲良しで、五年生の時には交換日記をつけていた。ともにパソコンが得意で、六年生になると、もう一人の友達と三人でチャット用のホームページを開き、互いに書き込みをして楽しんでいた。しかし、被害女児が書き込んだ内容をめぐって女児が不満を募らせ、殺意を抱くようになった。事件当日、女児は給食時間帯に学習ルームに呼び出し、いすに座らせて背後から切りつけたという。

女児の少年審判を担当した長崎家裁佐世保支部は六月十四日、精神鑑定を行うことを決めた。精神鑑定書は九月六日に家裁佐世保支部に提出され、同支部は同月十五日、女児を児童自立支援施設に送致することを決定した。殺害事件の背景に、親子の情愛、人への愛情の希薄さがあるとの指摘には、多くの識者から「幼少から人とのかかわりに欠けていたことは、今の多くの子供たちにあてはまる」「特異な子供ではない」との見方が相次いだ。その一方、決定は学校の責任についてはほとんど触れておらず、「これでは現場の教訓にならず、再発防止の対策が立てられない。教師の不安もぬぐえない」との指摘が教育学者から出た。

事件から半年後の十二月九日に公表された長崎県教委の最終報告書の結論は「事件は予測の範囲を超え、事件に直接かかわる学校の過失、職務違反は認めがたい」とするものだった。加害女児の言動の変化は「ありがちなこと」で、交換日記やホームページでのトラブルを学校生活で察知することも困難だからだという。報告書の最後には、被害女児の父の手記の一部が掲載された。「先生たちは子どもと向き合うこの仕事を本当に楽しんでいる？　教育行政の人たちは自身も子どもと直接向き合う気持ちで学校を支えている？」と。だが、報告書はそれに十分に応える内容ではなかった。

読売新聞長崎支局の記者は翌十日の朝刊（長崎面）で「県教委は事件を教訓に、子供の心と向き合う教育システム構築に乗り出したが、それを生かすか殺すかは、学校現場と教育行政の後方支援にかかっている。被害女児の父親の訴えに応えられるかどうか。大切な命を失った、教育界全体の自覚と手腕が問われている」と指摘した。加害女児は栃木県の児童自立支援施設に入所、四年間、「強制的措置」で更生の時を過ごし、その後、社会復帰したという。

今度は女子高生殺人事件

小六女児殺人事件から十年余、長崎県佐世保市でまたショッキングな事件が起きた。佐世保市の県立高一年の女子生徒（十五歳）を殺害したとして、同級生の少女（十五歳）が二〇一四（平成二十六）年七月二十七日朝、長崎県警に殺人容疑で逮捕されたのである。

県警の発表によると、二十六日午後八時ごろ、佐世保市内のマンションの一室で、女子生徒の後頭部を工具で複数回殴り、犬の散歩用リードで首を絞めるなどして殺害した。遺体は発見時、ベッドの上にあおむけの状態で横たわり、頭部と左手首が切断され、外に複数の切り傷もあった。「すべて、一人でやった」と供述したという。

女子生徒と少女は中学時代からの友人。少女が「会いたい」と女子生徒に連絡。夏休み中の二十六日、自宅外で待ち合わせ、市街地で一緒に遊んだ後、少女のマンションに向かったという。

少女の母親は前年の秋に病気で他界。その後、猫などの小動物を解剖したり、父親を金属バットで殴ったりする問題行動が目立つようになった。このため、父親はバットで襲われた後、少女を二つの病院の精神科に通院させた。医師から「父親に命の危険がある」と助言され（父親の代理人弁護士）、高校に進学した一四年四月からマンションで一人暮らしをさせていた。

事件三日前の七月二十三日、父親の再婚相手である新しい母親と病院に行く車中で、少女は、母親から「猫を殺すことが楽しいの」と聞かれ、「うん」と答え、さらに「人を殺したい」という欲求があることなどを話したという。

警察の取り調べに対し、少女は感情をあらわにすることもなく淡々と応じ、「カエルや猫を解剖しているうちに、人でも試したくなった」「女子生徒に恨みはなかった」などと説明したという。

少女は七月二十八日、長崎地検佐世保支部に送検された。同支部は、少女の責任能力や動機を解明するため、身柄を医療施設に移して精神鑑定を行う鑑定留置を申請、八月十一日から十一月十日まで三カ月間の留置が認められた。延長、再延長が認められ、鑑定留置が終了したのは二〇一五年一月十六日だった。

長崎家裁も、送致された少女の精神鑑定を行い、同年七月十三日、その「心の闇」について「重度の自閉症スペクトラム障害（ASD）であり、併存障害として素行障害を起こしている。少女にはASDの特性として、重度の共感性障害、特異な対象への過度に限局した関心が認められる。……そのほか視覚優位の認知といった特性のほか、興味を持ったことを徹底して追求する行動様式を身につけていること、不安や恐怖の感情が弱く、決めたことは迷いなく完遂するという要因も重なり、ASDの中でも非常に特殊な例だ。ASDが非行に直結したわけではなく、環境的な要因も影響している」とし、そうした「特性から治療教育の実施が望ましい」とし、「第三種（旧・医療）少年院」送致とする保護処分を決定した。

佐世保市では小六女児殺害事件後、各学校は「命の教育」に取り組んできただけに、教育関係者は「どうすれば事件を防げるのか」と自問する。少女を診察した精神科医は児童相談所に「人を殺しかねない」と連絡したものの、踏み込んだ措置は取られなかった。

実母はすでに亡く、父親も二〇一四年十月に自宅で自ら命を絶った。

本島市長銃撃事件

一九九〇（平成二）年一月十九日の朝刊一面、社会面トップに衝撃的な写真が載った。「本島・長崎市長撃たれ重傷」の見出し。右翼団体構成員に短銃で撃たれた直後、公用車の座席に腰掛け、救急車を待つ本島等長崎市長の表情、口からしたたり落ちる鮮血という決定的な瞬間をとらえた写真は、ＡＰ通信を通じ全世界のマスコミに流された。

本島市長は、県議五期を経た後、市長に就任して三期目。県議時代は自民党県連幹事長などを歴任、市長就任後も同県連顧問を務めたが、一九八八（昭和六十三）年十二月の市議会一般質問の答弁で「天皇（昭和天皇）には戦争責任がある。外国の文献、天皇側近の手記、私の軍隊経験などからみて、結果として天皇は責任を問われると思う」と発言。「天皇のご病気中に不謹慎な発言」と保守系議員が反発、顧問を解任された。本島市長はその後も発言を撤回せず、県警は二十四時間体制で身辺警護に当たったが、市長の要請で警護体制を緩めていた。

一月十八日午後三時一分、長崎市役所玄関前で、本島市長が公用車に乗り込もうとしたところを、後ろから近づいてきた男が短銃を左肩に突きつけるようにして一発発射。近くに止めていた車で逃走した。

市長は直ちに長崎市民病院に運ばれたが、銃弾は肩から左胸へ貫通しており、生命に別条ないものの重傷だった。

男は長崎市内の右翼団体幹部で、同夜逮捕された。長崎地裁に殺人未遂罪などで起訴され、「自由であるべき言論を暴力で封殺しようとした犯行」として懲役十二年の判決を受け、一九九一年九月、福岡高裁への控訴も棄却された。

スクープ写真を撮ったのは、読売新聞長崎支局で市政を担当していた浜田昭彦だった。取材のため市役所三階の記者クラブを出たところで「パーン」という発射音と、「撃たれた！」という叫び声を聞いた。階段を駆け下り、玄関に走った。市長が後部座席から身を乗り出すように腰掛けており、苦しげな表情で、そばに立った秘書課員に声をかけていた。

市長の口から赤い半固形状のものが落ちている。カメラを向けると秘書が市長の前に立ちふさがったが、角度を変えながら十三コマ、シャッターを押し、ほんの一瞬見えた市長の表情をとらえた。

このあと、浜田は秘書に「救急車は」と尋ねると、「呼んだ」との返事。一緒に待ち、「市長、

銃撃直後、救急車を待つ本島市長

大丈夫ですか」と声をかけると、「うん」としっかり記者の目を見てうなずいた。担架で収容され、長崎市民病院に運ばれたのを確認して、玄関内の公衆電話から支局のデスクに一報を入れた。

「ふだん取材で接している人が銃撃され、目の前で苦しんでいるのを目撃したショックは大きい。と同時に、そういう姿を撮影することに対し、申し訳ないとも思った」と浜田は感想を残している。

伊藤市長、選挙中に射殺

二代続けて凶弾に

本島市長は、銃撃事件後の一九九五年四月の市長選挙に五選を目指して立候補したが、多選批判の逆風をまともに受け、新人の伊藤一長・前自民党県議に敗れた。伊藤氏は子供のころから政治家を目指し、青年団、ボランティア活動を重ね、長崎市議二期、県議三期を務めたあと、長崎市長選に挑み、勝利を得た。

原爆投下後に生まれた初の市長だったが、平和を希求する長崎市民を代表して積極的に活動。

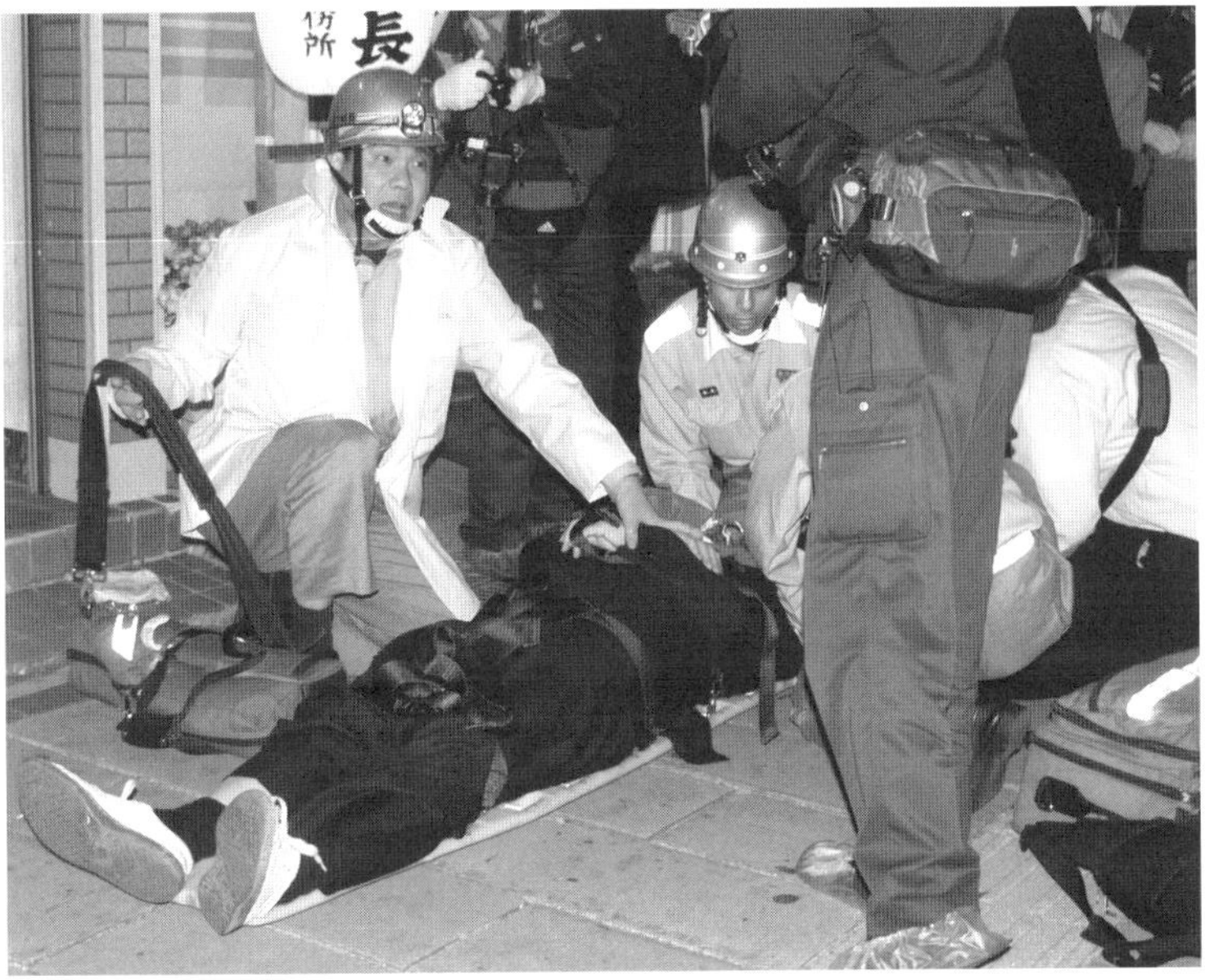

選挙事務所前で応急処置を受ける伊藤市長

同年十一月、日本政府の証人として、オランダ・ハーグ市の国際司法裁判所で口頭陳述に臨み、黒こげになった少年の遺体を写したパネル写真を手に、「すべての核保有国の指導者は、この写真を見るべきであります」と声を詰まらせながら訴え、ベジャウィ裁判長は「感動的な陳述に感謝する」と述べ、国内外の注目を浴びた。

その伊藤市長が四選を目指し、選挙運動をしていた二〇〇七（平成十九）年四月十七日午後七時五十二分ごろのことだった。ＪＲ長崎駅前の選挙事務所に入ろうとしたところを、背後から男に拳銃で二発撃たれた。伊藤市長は、長崎大付属病院に運ばれたが、銃弾が心臓を貫通しており、翌十八日午前二時二十八分、失血のため死亡した。

男はその場で事務所員に取り押さえられた。

市内の暴力団幹部で、「市長を殺すつもりで撃った。市の道路工事現場で起きた自動車事故をめぐり、対応に不満があった」などと供述した。

この幹部は一九八九年七月に、当時の本島市長から一千万円を脅し取ろうとして恐喝未遂容疑で逮捕されている。二〇〇三年に、「工事中の市道が陥没しており、前輪が落ちた」として、工事をしていた業者に補償させるよう執拗に市に求めた。市が県警と相談し、「不当要求」として拒絶する二〇〇五年一月まで三十回以上も市幹部に面会し、代車料金二七〇万円を要求したこともある。

全国に衝撃

統一地方選さなかに起きたこの事件は、全国に衝撃を広げた。だれもが十七年前の本島市長銃撃事件を思い出した。読売新聞は号外を発行し、翌十八日朝刊一、三面、社会面などで事件の経過、背景などを詳報。社説は「警察は動機、背後関係を徹底的に追及しなければならない。政治活動の自由が封じられるような、重苦しい社会にしてはならない」と力説した。

当日午後八時に選挙事務所で取材する予定だった長崎支局の右田和孝は二〇〇七年十月十三日の「新聞週間特集」面で、銃撃直後の様子をリポートした。

「到着と同時に発砲音らしき音が聞こえた。『まさか』と国道の反対側にある事務所を見ると、横断歩道上で複数の人間が折り重なり、もみ合っている。現場に急行すると、警察官数人が男をうつぶせにして取り押さえていた。私は訳も分からず、カメラのシャッターを切った。一人の警察官は手に拳銃を握っていた。『危ないから近づくな。まだ何か持っとるかもしれん』。

事務所前では市長の三女が泣きすがっていた。救急隊員が懸命に手当てをしている。駆け寄ると、倒れた人物の履いているスニーカーが見えた。『市長だ、市長が撃たれたんだ！』と思った。伊藤市長は市議時代から選挙は無敗だったが、験を担いで選挙期間中はいつも真っ白なスニーカーを履いていたのだ。市長は顔から血を流し、あおむけに真っすぐ、担架に寝かされていた。ピクリとも動かない。カメラを向けてはみたが、こんなむごい姿を撮っていいのだろうかと、一瞬ためらった。『近づくな』と、何人もの警察官から追い払われながら、条件反射のようにシャッターを切った。本島元市長の銃撃事件が頭をよぎった。なぜ、二代続けて。もしも助からなかったら。市長選はどうなるのか――さまざまなことが頭を駆けめぐる」。

伊藤市長の死で、「無風」とされていた市長選の様相は一変した。補充立候補の受け付けが始まり、伊藤市長の娘婿と市課長だった田上富久氏が立候補。計五人による事実上三日間の選挙戦が再スタート、田上氏が九五三票差で初当選した。

この事件を機に「行政対象暴力」という言葉がクローズアップされ、地方自治体をターゲットにした暴力団の悪質なたかりや暴力が浮かび上がってきた。銃を使った事件も相次いで発生し、改めて国内に潜む銃社会の深刻さも明らかになった。

一審・長崎地裁は被告に死刑判決を下したが、福岡高裁は二〇〇九年九月二十九日、無期懲役に減刑した。

中国人犯罪が急増

恩を仇で返した大分・山香事件

二〇〇二（平成十四）年一月十八日未明、大分県山香町（現・杵築市）の建設会社会長方に覆面姿の五人組が押し入り、会長と妻を刃物で刺し、キャッシュカードを奪って逃げた。会長は死亡、妻は重傷を負った。五人はいずれも同県別府市の私立大学に留学していた中国人四人（うち一人は少年）と韓国人一人。主犯格の二人は事件翌日に中国に逃亡した。

逃亡した二人以外は間もなく逮捕、強盗殺人・同傷害罪などで起訴され、二〇〇五年四月十五日、大分地裁は少年に無期懲役（求刑死刑）、韓国人元留学生に無期懲役（求刑同）、中国人元留学生に懲役十四年（求刑同十五年）を言い渡した。

会長は戦前、中国東北部（旧満州）吉林省で青年時代を過ごしたことから、中国人留学生の支援活動に個人で取り組んでいた。三十人以上の身元引受人となり、アパートやアルバイト先の世話など親身の活動をして、留学生から「日本のお父さん」と慕われていた。主犯格の一人は吉林省出身で、会長が身元引受人となり、世話を受けたことがある。

この男が「別府市郊外で人家が少なく、金を持っているはず」と漏らしたのが、事件の発端だった。

主犯格二人は国際指名手配されたが、日本と中国には犯罪人引き渡し条約が交わされておらず、国際刑事警察機構を通した捜査依頼しかできなかった。事件から十一年後の二〇一三年五月、警察庁を通じて「別件で逮捕された男が、指紋照合で逃亡中の主犯格の一人と判明した」との連絡が遺族にあり、中国大使館、警察庁、吉林省公安当局が杵築市を訪れ、事件の裏付け調査を行い、「必ず処罰します」と遺族に約束した。それから間もなく、もう一人の主犯格が捕まったことが、中国側からの連絡で分かった。

日本政府は「代理処罰」を中国側に要請した。

涙を誘った告別式

■残虐非道な福岡・一家四人殺害事件■

二〇〇三（平成十五）年六月二十日午後二時二十五分ごろ、福岡市東区箱崎埠頭の貯木場付近の博多湾に「人の足らしいものが浮いている」と、貯木場の作業員から一一〇番通報があった。

捜索の結果、同区の衣料品販売業者と妻、小学六年の長男、同三年の長女の一家四人の遺体を発見した。全員に首を絞められた痕があり、遺体には手錠やロープがかけられ、ダンベルが結ばれていた。福岡県警は殺人、死体遺棄事件と断定し、県警東署に捜査本部を設置した。

市内の量販店で犯行に使われた手錠やダンベルを購入した男の似顔絵を公開したところ、中国から来日していた就学生に似ているとの複数の証言が得られた。この就学生は事件後、学校を無断欠席し、同居していた同郷の吉林省出身の私立大学留学生とともに、六月二十四日に福岡空港から上海便で出国していたことが判明。また中国人向けインターネットカフェで知り合った河南省出身の元専門学校生と携帯電話で連絡を取り合っていたことも突き止め、元専門学校生を追及したところ、犯行を認めた。

三人は六月二十日午前零時すぎ、販売業者方に押し入り、入浴中の妻を浴槽で溺死させた後、二階で寝ていた長男の首を絞めて殺害。長女を人質にして帰宅した販売業者からキャッシュカードや預金通帳、現金三万七千円を奪い、長女を絞殺、販売業者も手錠をかけて首を絞め、仮死状態にして販売業者のベンツで四人を博多湾に運び、重りをつけて海に投げ込んだ。

元専門学校生は別グループによる強盗致傷事件にもかかわっており、一家殺害事件は、中国に逃亡した就学生と元私立大留学生に持ちかけられ、「三人でやった」と自供。県警は八月六日に元専門学校生の逮捕状を取った。

中国公安当局と警察庁の担当者間では八月初旬から非公式の情報交換が行われ、元専門学校生が自供した十五日ごろには中国側にもその情報が伝えられた。就学生と元私立大留学生は相次いで拘束され、九月には身柄拘束と殺害自供の連絡が外交ルートで日本側に届いた。

県警と福岡地検は元専門学校生の強盗殺人容疑を固めるため、両容疑者の取り調べに同席し、訴追に必要な供述調書の作成を中国側に依頼。二〇〇四年一月三十日、強盗殺人罪で追起訴、事実上捜査を終結した。

一家殺害事件が中国人留学生、就学生グループによることが判明し、在福の各報道機関は中国人犯罪の急増を一斉に報じた。

北九州監禁・連続殺人事件

常軌を逸した残虐事件

二〇〇二（平成十四）年三月六日、十七歳の少女が祖父らと共に福岡県警小倉北署に駆け込み、「小倉北区のマンションに同居していた九人のうち六人が暴行、虐待を受けて死亡した」と訴えた。

県警は翌七日、このマンションに住む元布団販売業M（四十歳）と元幼稚園女性教諭O（四十歳）を監禁と傷害容疑で逮捕するとともに、密室での監禁・連続殺人事件として捜査を開始。少女の父親（三十四歳）を浴室に閉じ込め、通電など虐待を繰り返して殺害した（一九九六年二月）ほか、一九九七年十二月から一九九八年六月にかけて、Oの父（六十一歳）、同母（五十八歳）、Oの妹（三十三歳）、妹婿（三十八歳）、おい（五歳）、めい（十歳）の六人を次々に感電死させたり絞殺したりしたことを突き止めた。

福岡地検小倉支部は殺人罪などでMとOを福岡地裁小倉支部に起訴。二〇〇三年五月二十一日、第三回公判での冒頭陳述によると、Mは一九八一（昭和五十六）年に福岡県柳川市で布団販売会社を設立。信販会社を利用した架空のクレジット契約で金を受け取る詐欺商法を繰り返していたが、一九九二年に破綻。内縁関係にあったOらと石川県に逃げた後、Mが幼少時代を過ごした北九州市に逃亡。ここで柳川出身の女性に近づき、この女性の元夫らに子供の養育費を出せと迫り、一一八〇万円を送金させた。

一九九四年に女性が死亡すると、不動産会社に勤めていた、少女の父親に接近。勤務先での着服を聞き出し、念書を書かせて脅し続け、一九九六年に殺害するまで、その親族に少女の養育費などを請求したり、消費者金融から借金をさせたりした。

福岡県久留米市に住んでいたOの母親も当初は資金源にしていた。「子供ができた。孫のためカネを貸してほしい」とOに訴えさせ、生活費を送らせていたが、少女の父親を殺害後は、「殺人者（Oのこと）の面倒を見るには大金が必要。娘を救いたいなら」と土地を担保に大金を借りさせた。五年間にOの両親から得た資金は六三〇〇万円に上る。Oの両親はその後、「自宅の改修資金」として久留米市農協から三千万円を借り出したまま姿を消し、やがて、同居していた妹一家とともに北九州のマンションでM、Oと一緒に住むようになった。

二LDKの狭い部屋での監禁の手口は常軌を逸したもので、少女の父は浴室や手製の檻《おり》に閉じ込められ、食事も一日一回だけ。電気コードの先につけた金属製クリップを当てる通電虐待を繰り返し受けて死亡。遺体はフェリーから海に捨てられたという。

その後同居したOの両親や妹一家も電気コードで首を絞められたり、感電させられたりして次々に死ぬ。遺体は証拠隠滅のため解体して捨てられた。少女は北九州市門司区の祖父母宅に逃げ込むが、二〇〇二年二月、Mらに連れ戻され、三月六日まで二十日間にわたって、小倉北区のワンルームマンションに監禁された。通電やペンチで足の爪をはがされるなど暴行を受け、一カ月の重傷を負った。

遺体がなく物的証拠も少なく、供述だけで七件もの殺人を立証することは困難が予想されたが、一審審理の途中からOが「Mから虐待などで支配下に置かれ、(殺害の) 実行行為をせざるを得なかった」と犯行を認めたことから立証が進み、地裁小倉支部は二〇〇五年九月二十八日、二人に求刑通り死刑を言い渡した。

無罪を主張していたMは直ちに控訴、Oも「過酷な虐待で精神的に支配され、Mの『道具』として殺害行為を実行した。犯罪は成立しない」として争い、二〇一一年十二月、最高裁でM

の死刑、Oの無期懲役が確定した。

犯罪被害者給付金支給

父親が殺害された後、自らも約六年間監禁され、脱出して事件を通報した少女の犯罪被害者給付金の申請について、福岡県公安委員会は「（監禁中に）制度上の申請期限を過ぎている」との理由で不支給を裁定した。読売新聞は、その公安委員会の判断に問題あり、と指摘。二〇〇五年十一月十二日付社会面で「県警が事件発覚後、女性や親族に給付金制度の存在そのものを知らせていなかったこと」を特報した。

これを機に県弁護士会の有志が弁護団を結成して不支給裁定の取り消しを求める訴えを起こし、二〇一〇年七月八日、福岡地裁は「女性には期限内に申請できなかった特別な事情があった。申請期限を当てはめるのは、被害者を救う制度の趣旨や正義の観念に著しく反する」として裁定を取り消した。二〇一一年九月、最高裁もこれを支持し、給付金支給が実現した。

久留米看護師連続保険金殺人事件

■非人間的な手口■

福岡県久留米市の看護師ら女四人が連続保険金殺人事件を起こした。四人は看護専門学校の同窓生で、主犯は元看護師A。共犯は、元治験コーディネーターB、元看護師C、元看護師D（判決前に病死し公訴棄却）の三人。

殺人と詐欺罪などに問われた主犯Aの判決公判が、二〇〇四（平成十六）年九月二十四日に福岡地裁で開かれ、その判決で「共犯者らをだまし、執拗に誘導して犯行に加担させた」Aの「陰湿で非人間的な手口」と、犯行の態様などが認定された。世間は「冷酷非情で凶悪な犯行」に大きな衝撃を受けた。

判決要旨によると、Dに対し嫌悪感を抱いていたAは、Dにその夫を殺害させて一生苦しめることをもくろみ、さらにその夫の生命保険金を入手することを計画。一九九八（平成十）年一月、BとDを加えた三人は、Dの夫（三十九歳）に睡眠作用を有する薬剤などを投与して昏睡状態に陥らせた後、医療器具を使って静脈に空気を注射して殺害した。

一九九九年三月、四人は、Cの夫（四十四歳）に、同じように睡眠作用を有する薬剤などを投与して昏睡状態にさせ、鼻から大量のウイスキーを流し込んで殺害した。

二人を殺害後、Aらは、生前のそれぞれの夫の体調についてウソを述べたり、泣いて解剖を断ったりするなど巧妙に立ち回って証拠隠滅を図った。結局、夫二人はともに「病死」とされ、それぞれ、約三五〇〇万円、約三三〇〇万円の生命保険金が問題なく支払われた。

さらに、二〇〇〇年五月、Aは高級マンションの購入費用を捻出するため、Bの母親を殺害し、その印鑑と通帳を奪って現金を手に入れることを計画。Bを除く三人で興信所調査員を装って母親宅を訪れ、面談中にいきなりインシュリンを注射、昏睡状態に陥らせたが、殺害には至らなかったという。

Aは、元治験コーディネーターや元看護師ら三人が、それぞれの犯行に欠かせない存在として「手を変え品を変えて三人を欺き続け、犯行を決意させるだけの動機を与え、執拗に説得し、時には恫喝と言ってもよい強硬さ」で犯行に引きずり込んだと判決は認定した。

仲間の一人が自首

三人はそれまで、それぞれにAと親友、パートナーとして親しく付き合い、また信頼もしており、「よもやAが卑劣な虚言で自らをわなにはめるとは無想だにしなかったと認められる」。

C、Dはそれぞれ、夫殺害後は、「いっそう盲目的にAの指示に従うようになり」、ともに詐取した保険金をAに与え、Dは借金してまで払い続けたという。

結局、二〇〇一年八月、Aの強圧的な言動に耐えきれなくなったCが警察に自首、夫殺害について供述。これを機に、一連の犯行が明るみに出たが、Aはそれまでの間、手にした多額の保険金でぜいたくな暮らしに浸り、現金はほとんど残っていなかったという。

また判決は、Aが公判中、福岡拘置所内にともに収容されていた共犯者に、自分の刑事責任を軽くするために偽証を命じる手紙を渡していたことを明らかにし、「もはや単なる身勝手というだけでは言い尽くすこともできない。余りにも厚顔無恥かつ自己中心的で、他者に対する共感性を全く欠いた態度というほかはない。このようなAに、自己の行動を真摯に反省し、被害者やその遺族、家族ら、また自己が各犯罪に引きずり込んだ共犯者らに対する真実の謝罪の気持ちがあるとは、到底想像することもできない。……（中略）罪刑均衡の見地からも、共犯者間の刑の公平性の見地からも、自己の生命をもって、その罪を償うほかないと言わざるを得ない」として、求刑通り死刑を言い渡した。

Aは控訴審でも死刑判決を受け、最高裁が上告を棄却したため死刑が確定。Bは一、二審ともに無期懲役（求刑・死刑）の判決を受け、上告しなかった。Cは一審で懲役十七年（求刑・無期懲役）、二審で控訴を棄却されたが、上告しなかった。

凶悪な飲酒事故続発

海の中道三児死亡事件

二〇〇六（平成十八）年八月二十五日午後十時五十分ごろ、福岡市東区奈多の「海の中道大橋」で、博多区の会社員一家五人の乗ったレジャー用多目的車が、近くに住む市職員の車に追突され、歩道を横切って金属製の欄干を突き破り、海に転落した。

車から脱出した妻は子供たちを助けようと計四回海に潜り、割れたガラス窓から長女（一歳）と次男（三歳）を一人ずつ引き揚げ、立ち泳ぎを続ける夫に手渡した。このあと車は深さ約六メートルの海底に沈み、長男（四歳）は引き揚げることができなかった。夫婦は、生気を失った子供二人を抱えて立ち泳ぎ状態のまま大声で助けを求めた。間もなく救助され、病院に運ばれたが、子供二人は死亡が確認された。車に取り残された長男も水死していた。

市職員は事故後、逃走しようとしたが、約三〇〇メートル走ったところで車が故障し、歩いて現場に戻り、「自分が運転していた」と申し出た。車には友人が同乗。一緒に東区内のスナックで酒を飲み、帰宅する途中だった。「事故直前は同乗者と話しており、前方を走る会社員の車

飲酒運転で追突、3児が死亡する事故を起こした乗用車

に気づかなかった」と供述した。

市職員は道交法違反（飲酒運転）の現行犯で逮捕され、福岡地検は「飲酒により正常運転が困難な状態だった」として「危険運転致死傷罪」と道交法違反（酒気帯び運転、ひき逃げ）で起訴、法定刑上限の懲役二十五年を求刑した。しかし、福岡地裁は「脇見運転が原因」として危険運転致死傷罪の成立を認めず、二〇〇八年一月八日、業務上過失致死傷罪（最高刑懲役五年）と道交法違反で懲役七年六月の判決を下した。

控訴審の福岡高裁は二〇〇九年五月一五日、「脇見ではなく、飲酒の影響で前方を認識できなかった」として一審判決を破棄し、危険運転致死傷罪を適用して懲役二十年の実刑判決を言い渡した。裁判長は「缶ビール一缶と焼酎ロック八、九杯などを飲み、前方注視が困難で正常な運転が難しかった」と認定。被告側は上告したが、最高裁第三小法廷は二〇一一年十月三十一日、「アルコールの影響による前方不注意により危険を的確に把握して対処できない状態も危険運転に当たる」と初判断を示し、被告の上告を棄却、高裁判決が確定した。

飲酒運転を幅広く「危険運転」と見なす判決内容で、同罪の積極的な適用を促すことになった。

■高校生二人死亡事件■

しかし、飲酒運転に甘い国民の意識は改まらず、福岡県で再び飲酒運転事故が多発し始めた。二〇一一（平成二十三年）年二月九日午後十一時十分ごろ、福岡県粕屋町酒殿《さかど》の町道を歩いていた福岡市東区の私立高校一年生と同県須恵町の友人が後ろから来た乗用車にはねられ、死亡した。

運転していた粕屋町の建設作業員は須恵町の居酒屋で事故直前まで三時間にわたってビールや焼酎を飲み、家に帰る途中。容疑者は、居眠りしながら運転していたことを認め、福岡地検は危険運転致死罪で起訴。高校生の母が「飲酒運転は殺人。被告が受けた刑の重みで、飲酒運転という悪を世間に知らしめることはできるはず」と意見陳述。福岡地裁の裁判員裁判で懲役十四年（求刑・同十五年）の実刑判決が下った。

両親は高校の同級生らとともに飲酒運転撲滅運動に立ち上がり、あらゆる機会をとらえて

「飲酒運転をやめて」と訴えた。これに呼応して、「飲酒運転撲滅を推進する市民の会」（会長・福岡商工会議所会頭）は同級生らが飲酒運転追放を呼びかけるコマーシャルを制作し、春の交通安全県民運動期間に放映された。

通っていた高校の生徒会は同年五月に飲酒運転撲滅に向けた「高校生サミット」を開催、県内の高校に呼びかけて「飲酒運転0（ゼロ）会議」を結成し、啓発運動に乗り出した。

県民の関心が盛り上がる中で、福岡県議会は二〇一二年二月二十二日、全国初となる罰則付きの飲酒運転撲滅条例案を可決した。二回摘発された違反者に対し、指定医療機関でアルコール依存症に関する診断や治療を受けることを義務づけ、違反者に酒を提供した飲食店には指導書を店内に掲示させ、従わない場合は五万円以下の過料。通勤や通学中に飲酒運転が発覚したときは、県公安委員会が事業所や学校などに通知する——などが盛り込まれた。

長崎ストーカー殺人事件

「ストーカー犯罪」——。若い世代を中心に、男女交際のもつれが傷害・殺人を引き起こす痛ましい事件だ。交際の破綻を認めない男が女性に付きまとい、執拗に脅迫メールや嫌がらせ行為を繰り返し、最後は女性を守ろうとした家族をも巻き込んで殺傷するというケースが目立つようになった。

インターネットの普及でネットの掲示板を通じた交際が急速に増えたことから、遠隔地の男女が出会い、結果的に広域犯罪となる例が少なくない。ストーカー規制法を運用する警察の体制が都道府県ごとの縦割りのままで、広域化に対応できず、未然防止という法の目的が達成できない事件が続発した。その代表的な事件の一つが「長崎ストーカー殺人事件」だった。

執拗な暴力

二〇一一(平成二十三)年十二月十六日午後九時ごろ、長崎県西海市の男性方で、ワゴン車の後部座席に女性二人が血だらけになって倒れているのを、帰宅した高校三年の次男が発見した。被害者は男性の妻と母で、ともに胸を出刃包丁で何度も刺されて死亡していた。通報を受けた長崎県警は緊急配備を敷き、翌日、長崎市内で三重県桑名市の無職男を殺人、住居侵入容疑で逮捕した。男は、男性の三女と千葉県内で一時同居したことがあり、激しい暴力行為などを恐れた三女が交際を絶ったところ、ストーカー行為を繰り返した末、きょうだいらに助け出された三女を追って、家族を襲撃したものだった。

この事件の裁判員裁判は二〇一三年五月から十二回の公判が開かれ、長崎地裁は六月十四日、求刑通り死刑の判決をくだした。男は取り調べでは犯行を認める調書に署名をしていたが、公判では犯行をすべて否認、「取調官に脅されて署名してしまった」と取り調べの違法性を主張。弁護側も無罪を主張したが、裁判長はすべて退け、「何の落ち度もない二人の命を躊躇《ちゅうちょ》なく奪った残虐な犯行。更生改善の兆しは認められない」と極刑を選択した。

十六日付の読売新聞は社説で判決を評価するとともに、警察対応の検証結果から、県警間で情報が共有されていなかったことや、千葉県警習志野署が被害届の受理を後回しにして、北海道に慰安旅行に出かけていたことを挙げ、「警察は猛省が必要だ」と指摘。迅速な対応のために被害者の居住地の警察、公安委員会に限られている、つきまとい行為の禁止命令や警告を、加害者の居住地や違法行為があった場所の県警、公安委員会も出せるようにするストーカー規制法の強化を求めた。警察が二〇一二年に把握したストーカー被害は過去最悪の一万九九二〇件と前年比四割増に上ることから、極めて妥当な主張だった。

対応のまずさ　課題に

長崎ストーカー事件の被害者遺族は二〇一二年二月、千葉、長崎、三重の三県警本部長に対し、事件前の対応に関する疑問点をまとめ、質問状を提出した。これに対し、三県警は三月五日、検証結果を遺族に説明、「切迫性が足りなかった」「情報共有がなかった」「危険人物と認識していなかった」「もう一歩踏み込んだ取り調べなどにより、警告、検挙などを図るべきだった」などと謝罪した。

ところが、二〇一一年十二月六日に被害届を提出しようとした三女と父親に対し、習志野署が「一週間待ってほしい」と伝え、その二日後、担当の刑事課と生活安全課員を含む約十人が二泊三日の北海道旅行に出かけていたことが、三月二十二日になって判明した。検証結果ではこの旅行については触れていなかったため、遺族は驚きとともに憤り、「第三者による再調査」を千葉県警に申し入れる事態になった。

結局、千葉県警は第三者検証は受け入れず、独自に再検証を行い、四月二十三日、「署員が旅行に参加していなければ、より踏み込んだ対応を取り、事件を回避できた可能性があった」とする再検証結果を公表。同時に警察庁などが同県警本部長を国家公安委員長訓戒、前署長を戒告とするなど二十二人の処分を発表したが、遺族らの警察への不信感を払拭することはできなかった。

ストーカー規制法は、被害者の居住地以外の警察や公安委員会でも警告・禁止命令が出せるよう改正され、二〇一三年十月三日に施行されたが、その直後の八日、東京都三鷹市で、私立高校三年の女子生徒が、京都市在住の元交際相手の男から刺殺される事件が起きた。このケースでも、関係する警察署間で速やかな連携ができず、長崎事件の教訓は生かされなかった。

ストーカー対策は、警察の職務の中でも年々、重要性を増している。大半の加害者は、警察が介入すればつきまといなどをやめるといわれるだけに、いかにして加害者に接触し、被害者を保護するか、全国の警察が事例を持ち寄り、対処方法を練り上げることが必要だろう。

災害・気象 自然の猛威

「災害エリア」九州

災害列島である。

わが国の歴史に現れた地震は、西暦四一六年八月に「遠飛鳥宮付近」で起きた揺れが最初で、『日本書紀』に記されている。

以来、約一六〇〇年。日本列島はいくつもの大地震に見舞われてきた。試みに福岡管区気象台編「九州・山口県付近で発生した主な被害地震」を見ると、一九八四〜二〇一二年の二十九年間に発生した二十四件の地震が、その被害とともに記録されている。

一九九五（平成七）年一月十七日早朝に起きた阪神・淡路大震災は、火災と家屋の倒壊などによって六四三四人の命を奪うなど戦後最大規模の被害（当時）をもたらした。

二〇一一年三月十一日午後、宮城県牡鹿半島の東南東一三〇キロの太平洋の海底を震源とする東日本大震災が発生。その規模は観測史上最大のマグニチュード（M）9・0。震源域は岩手県沖から茨城県沖までの南北約五〇〇キロ、東西約二〇〇キロ、約一〇万平方キロという広大さだった。この地震で最大遡上高四〇・一メートルという巨大な津波が起き、死者・行方不明者は一万八千人を超えた。

東京電力福島第一原子力発電所も津波に襲われて全電源を喪失、原子炉を冷却できなくなって一、二、三号機がメルトダウン。水素爆発によって原子炉建屋が吹き飛び、大量の放射性物質が漏れる重大な原子力事故に発展した。

多くの人命を奪い去った巨大震災は世界中に衝撃を与え、改めて日本列島が「地震列島」であることを印象付けた。また二〇〇五年三月二十日に発生した福岡県西方沖地震は、この列島に地震の空白エリアなど存在しないことを知らせた。

九州・沖縄・山口地域は、地震に加え、台風、梅雨前線の活発化に伴う豪雨とそれによる様々な被害が多発する「災害エリア」でもある。その災害のいくつかを記録する。

雲仙・普賢岳

一九八年ぶりの噴火

一九九〇（平成二）年十一月十七日。紅葉が最後の見ごろを迎えていた雲仙・普賢岳（長崎県）からふた筋、噴煙が上がった。

普賢岳は江戸時代の一七九二（寛政四）年二月にも噴火。その三カ月後の同年五月二十一日に起きた火山性地震によって眉山の南側部分が大きく崩れ（島原大変）、大量の土砂が有明海になだれ込んで津波が発生、対岸の肥後を襲った（肥後迷惑）。それから実に一九八年ぶりの噴火だった。

「雲仙岳198年ぶり噴火　噴煙二か所、300メートル　噴石も　七月から地震多発」の見出しを掲げ、同日の読売新聞夕刊は一面トップで次のように報じた。

「十七日午前七時ごろ、長崎県小浜町の雲仙岳主峰、普賢岳（一三五九メートル）山頂付近二カ所から噴煙が上がっているのを住民からの通報で島原消防署が確認、福岡管区気象台は噴火活動と認定した。長崎県警のヘリコプターが出動、警戒に当たっているが、近くの温泉街などへの被害は出ていない。県警は警戒対策本部を設置、雲仙温泉街から仁田峠へ登る有料道路を午前八時から全面通行止めにし、登山客を下山させた。……（中略）噴火活動は一九八年ぶり」

「雲仙岳測候所員が、普賢岳に向かい確認したところ、山頂から東に六〇〇メートルの同岳九合目付近にある普賢神社の南下三〇〇メートルにある地獄跡火口と、さらにそこから一〇〇メートル南に下った九十九島火口の二カ所で噴煙が上がっているのを確認した。

地獄跡火口は白色の噴煙が一〇〇―一五〇メートルの高さ、九十九島火口は灰色の噴煙が二〇〇―三〇〇メートルの高さで上がっている。

九十九島火口は長さ一〇メートル程度の割れ目噴火で、大きな噴煙が三―五メートルの間隔で三カ所から上がっていた。地獄跡火口は穏やかな下りにある長さ二〇メートル程度の割れ目噴火で、二カ所から土砂が噴出しており、ガスや硫黄のにおいが強く、周囲一〇〇メートルの樹木は白っぽく変色していた」

午前九時すぎから、両火口から高さ一五メートルほどにわたってこぶし大の石が上がっているのが認められ、管区気象台は同九時十分、周辺地域に臨時火山情報を発表、警戒を呼びかけた。

一面で、同年七月から地震活動が活発化していたこと、そのため十月十五日に普賢岳周辺四カ所に地震計を設置するなど警戒を強めていたことに触れ、雲仙は普賢岳のほか、国見岳（一三四七メートル)、妙見岳(一三三三メートル)など一〇〇〇メートルを超える山々からなり、雲仙天草国立公園内にあって年間を通じて多くの観光客が訪れていることなどを付記。雲仙の有史以来の噴火は一六五七(明暦三)年、一六六三(寛文三)年、一七九二年と、冷静に書き添えている。

198年ぶりに噴煙を上げる雲仙・普賢岳

取材本部設置

九州大付属島原地震火山観測所の太田一也所長が「過去の噴火時のように、今後、(溶岩が)出る可能性もある」と話していたが、その後の噴火活動をみると、太田所長の見通しはさすがだった。一九九〇年十二月には小康状態となり、道路の通行止めも解除されたが、翌一九九一年二月十二日、地獄跡火口から西南西に約一七〇メートル離れた普賢神社西側の通称「屏風岩」付近(後に「屏風岩火口」と命名)から噴火。三月からは、三つの火口が同時に噴煙を上げ、多量の火山灰を降らせた。

噴火は四月三日、九日と拡大し、地表に近づいたマグマが、浅いところにある地下水に接触、真っ黒い噴煙と土砂を噴出する「マグマ水蒸気爆発」を起こした。溶岩流出の前兆現象だった。

五月十五日未明には、降り積もった火山灰などによる初めての土石流が発生。東側麓の長崎県島原市の水無川に巨岩と火山灰混じりの濁流が渦巻き、島原市と隣接の深江町(現・南島原市)の一一七世帯、四六一人が一時、近くの公民館などに避難。十九日午後と二十日早朝にも土石流が発生した。

五月二十日には、地獄跡火口から、一九九年ぶりに溶岩が噴出。粘性が高く、火口周辺に直径四〇~五〇メートル、高さ三〇~四〇メートルの「半固結状で、釣り鐘型」(太田所長)の溶岩ドームが形成された。そのドームの姿は毎日新聞の空撮、特報によって明らかにされた。

読売新聞西部本社は二十一日、島原通信部に取材本部を設けた。しかし、手狭なうえ、連日未明に及ぶ取材で家族に迷惑をかけたこともあり、十日後の三十一日、市役所に近い島原市高島町のビル二階に本格的な取材前線本部を設営した。

東京、大阪からの応援記者も交え、取材の打ち合わせをする前線本部

「田井中です。今日から入ります」

そう声をかけて、読売新聞大阪本社写真部のカメラマン・田井中次一（五十三歳）が取材本部に入ったのは、移転間もない六月一日午後だった。取材本部デスクを務めていた西部本社社会部次長が座り机から立ち上がり名刺を交換、「よろしくお願いします」と短いあいさつを交わした。

取材本部では、写真部は玄関側の半分を使っていた。田井中は少しの間、いすに腰をおろし、無言のまま、出入りするカメラマンやデスクの動きを目で追っていた。「取材現場の雰囲気を短時間で肌で感じ取ろうとしているかのようだった」と社会部次長は一九九一年六月二十五日付の社報に書いている。「タクシーが写真原稿を届けてきた。それまで黙っていた田井中さんが『おれがやる』と、移動暗室の中に飛び込むように入った」とも。

当時取材本部に詰めていたカメラマンの一人は同じ社報に、宿舎で「なんやいうてもカメラマンは現場でっせ」と語った田井中の言葉を紹介している。

六月三日は、前夜から降り続く雨の中で明けた。この日の田井中の姿を、そのカメラマンの一文と、彼が報告書に再現した会話・無線交信を基に当時の編集局長が書いた「仲間気遣う心忘れず」などから追う。

まず取材位置。「夜来の雨で土石流を警戒して水無川に下った私に代わって、あなた（田井中）はそっと山のカバーに入ってくれました」。カメラマンはローテーションを組んで常時、山の表情を追っていた。その取材ポイントの一つに「定点」と呼ばれていた箇所がある。普賢岳の山頂を見通せる、水無川沿いの小高い丘で、日頃から各社のカメラマンも詰めていた。

その日、「定点」を受け持ったのが本部詰めのカメラマンだった。ところが、「結構激しい雨」で山頂は見えない。むしろ土石流の方が気になる。彼は水無川に向かうことを取材本部に連絡し、「定点」を離れた。そのとき取材本部にいた田井中が、彼の抜けた「定点」のカバーに入ったのだった。以下は、そのカメラマンと田井中との会話——。

▽三日午前九時十分

「今ね、山（普賢岳）の斜面に水蒸気が立ちのぼってきれいでしたで。私にはなんでも珍しいもんで、ついついシャッターを切ってしまうんですわ。きょうは、山の方はまかせてください」

出現した地獄跡火口の溶岩ドーム

「水無川を見てきましたが、流れが速くなってきてます。それじゃ、私は土石流の警戒を……」

▽午前十時十五分

普賢岳東側斜面で火砕流が発生した。

「田井中さん、火砕流ですか？」

「そのようですが、小さいですね」

▽午前十一時五十五分

カメラマンは定点の田井中と一時合流する。

「（雨は上がっていて）うまくすると山頂のドームが見えるかもしれませんね」

「ああ、ドームね。一発ねらいたいね」

（このとき、大きなサイレンの音）

（驚いた表情で）「いまのは、なんですか！」

（腕時計を見せながら）「お昼（のサイレン）ですよ」

「なんや、びっくりさせるなあ」

「では、水無川の方に戻りますが、火砕流、気をつけてくださいよ」

「はい。（タクシーの）運転手さんには、危ないと思ったら後ろの民家の庭まで車を下げて、逃げるように言うてますんや」

▽午後二時四十分

「八〇〇ミリ（レンズ）届きましたか？」

「はい、来てますよ。弁当も一緒にね。おおきに」

そして

▽午後四時八分

大火砕流が発生した。

■大火砕流襲う■

火砕流はドームを形成していた溶岩の崩落に伴うもので、九州大学大学院理学研究院が構成した「インターネット博物館　雲仙普賢岳の噴火とその背景」によると、「溶岩は多数の気泡を含んでいて、もろく、たいへん壊れやすい状態」だった。その溶岩が崩落によって粉々に砕け、溶岩片、火山灰、水蒸気の高温混合体が火砕流となって時速約一三〇キロで水無川を流れ下り、二分足らずで北、南上木場《かみこば》地区を襲った。

取材本部は騒然となった。取材本部から危険を知らせる無線、取材現場から「無事」を連絡する無線が飛び交った。しかし、田井中からは連絡が来ない。次々に無線で呼びかけたが、つ

火砕流にのみ込まれ炎上する住宅と火山灰に覆われた田畑

いに応答はなかった。

抑えがたい衝撃と動揺、不安の中で、デスク、記者、カメラマンは四日付朝刊用の取材を行い、一面トップで「最大の火砕流、31人不明　報道陣ら巻き込む　20人が重軽傷」、社会面で「真っ黒な噴煙と火山灰に覆われた市街地を、救急車やパトカーが走り回り、病院では、全身にやけどを負った負傷者の泣き叫ぶ声が響く。人々は、自然の猛威の前に、なすすべもなく、言葉を失った」と火砕流に見舞われた町と人々との様子を伝えた。

深江町大野木場の水無川上流域で、火山活動の取材をしていた先のカメラマンと佐賀支局・真子生次カメラマンは「その瞬間」を次のように書いた。

「『ドーン』という大音響と同時に、熱風が襲ってきた……（中略）薄茶色の最初の煙（注・水蒸気の放出による噴煙）がグングンと空を突き抜け、やがて市街地方向へ流れていった。その一、二分後、ごう音とともに次の噴煙がわき上がり、谷間の島原市・上木場地区へ。大規模な火砕流だ。直径二〇センチはある杉の木がバリバリと音をたてて倒れていく。

やがて、火砕流の一部はホコ先を変え、丘を越えて記者たちの方へ向かってきた。『逃げろ』。高台で山の動きを見ていた住民らは次々と大声を上げた。『火砕流にのみ込まれてしまう！』。高台から次々とトラックや乗用車が、猛スピードで走り去っていく。

記者も……（中略）走って逃げた。……（中略）自分の体が震えるのが分かった」

ヘリコプターに搭乗、空から火砕流を取材した記者は「目の前に（火砕流の）壁があった。ヘリは、その壁を寸前でかわして上昇、（低く垂れ込めていた）雲の上に出、それから再び高度を下げると、あちこちに炎が見えた。取材本部や地上の記者の『田井中さん、応答してください。田井中さん』という無線を機上で聞きながら、炎を噴き上げる家や車を呆然と見つめていた」と振り返る。

彼は翌四日もヘリに搭乗、火砕流が流れ下った現場を見て、その惨状を伝えた。

まず「定点」。

「道の東側の石垣に吹き寄せられたように二人が倒れている。一人は腕を曲げ、あお向けに、もう一人は溝の中に。さらに近くにもう一人。いずれも灰をかぶっている。

……（中略）これより数百メートル下流、避難所があった北上木場農業研修所の裏にまた一人。近くに消防車がある。消防団員だろうか。うつぶせで、全身が黒い。

普賢岳の方を見ると、火口の東側斜面から続く沢の、集落への出口だった小さなV字形の谷がなくなり、両側の山肌が大きくえぐられ、火口から続くと思われるU字形の巨大な『滑り台』ができていた。幅は三〇〇メートル以上あるようだ」

この火砕流で、報道関係者十六人、火山学者ら三人、消防団員十二人、タクシー運転手四人、警察官二人、市職員二人、住民四人の計四十三人が犠牲になり、九人が負傷した。民家一八〇棟が炎上した。

四日は火山性微動が頻発し、屏風岩火口付近から噴煙も上がるなど、不気味な山の動きはやむ気配がなく、新たな火砕流の危険もあって救難活動は進まない。

カメラを守って

ヘリコプターから記者が見た遺体は五日になって次々と収容された。その中に田井中もいた。田井中の身元は、ネームプレートのついたカメラ、ズボンのポケットに入っていた社員証、歯型などから確認された。愛用していたカメラ「ニコンF４」（ＡＦ八〇ミリ～二〇〇ミリズームレンズ装着）は、五百度を超すといわれた熱風の中でもほとんど無傷だった。「定点」付近で遺体を収容した自衛隊員によると、カメラを守るために胸に抱きかかえ、覆いかぶさっていたという。

そのカメラに残されたフィルムには、自らの命を奪った火砕流が襲ってくる様子が七コマ、

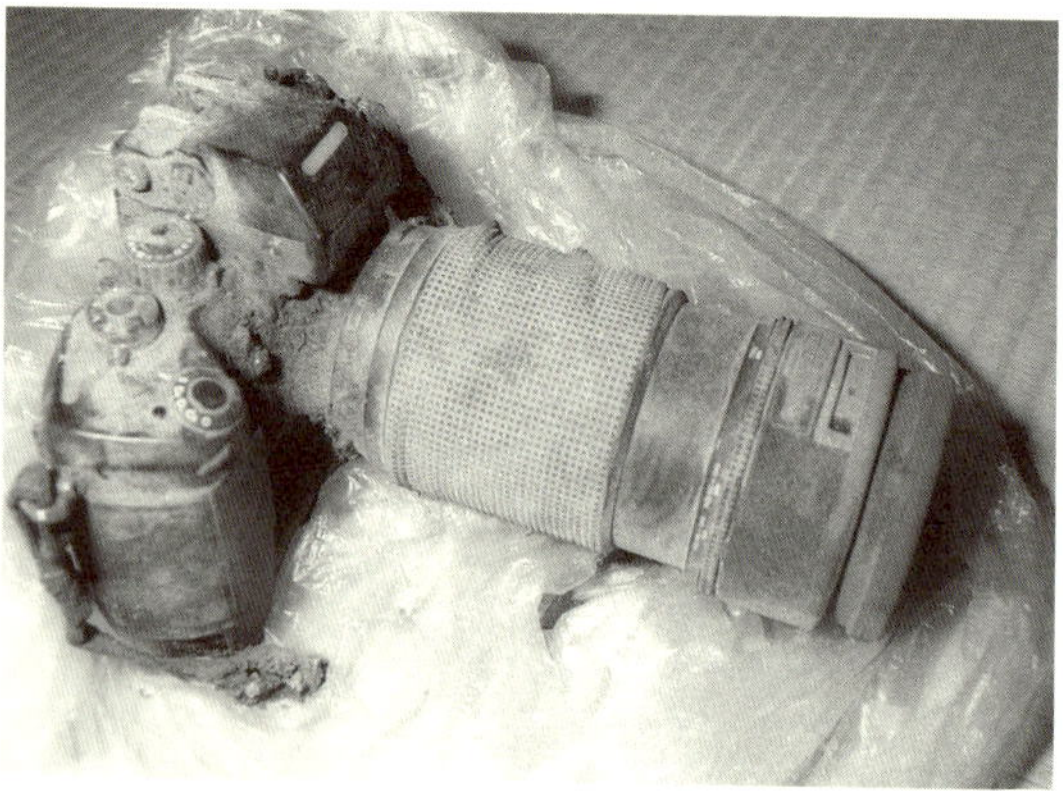

田井中記者のカメラ

撮影されていた（六日付朝刊一面に掲載）。着ていたベストの胸ポケットには撮影済みのフィルム一本と焼けただれた写真説明も入っていた。

午後五時ごろ、京都市内の自宅から駆けつけた妻栄美子さん、長女澄子さん、次女みどりさんは島原市内の崇台寺で遺体と対面。右手人さし指はシャッターを切った時のように曲がったままだった。その指を見て、栄美子さんが「お父さんの指を見なさいね。お父さんは最後までカメラマンだったのよ」と語りかけると、二人の娘は泣き崩れた。「お父さん、最後までカメラマンでしたね。世界一のカメラマンでしたね」と栄美子さんは遺体に語り続けた。

田井中の告別式は七日午後一時から、京都市山科区の自宅で営まれ、約七五〇人が参列した。

この日、読売新聞取材本部は、避難勧告区域や警戒区域の拡大などに伴って約二キロ北の島原市大手原町のスーパーマーケット二階に移転。同時に、火口から遠く、降灰や噴石による被害の心配がまずない布津町（現・南島原市）にサテライト基地を置いた（十二日には、国見町に第二取材本部を設けるなど、取材陣の安全と迅速な報道の兼ね合いから二重、三重の構えとなった）。

翌八日午後七時五十一分。「ドーン」という大音響とともに、それまでで最大規模の火砕流が発生。その後の二十五分間に、火砕流は火山雷を伴って三回続き、その先端は火口から約五・五キロ離れた国道五十七号線を越え、水無川河口の有明海まで約一・六キロの地点に達した。同時に、島原市全域で一時停電、住宅や山林が炎上した。

上：６月８日の火砕流で燃える住宅
下：土石流に押し流された車と埋まる住宅

社会部に設けていた島原専用線に、取材本部から、社会部次長のこわばった声が飛び込んできた。「火砕流だ。市内にも火山礫《れき》が降っている。停電した。撤収する」「全員、無事か」。編集幹部が大声を上げる。編集局内が騒然となった。

専用線からは、取材本部の「撤収だ」「落ち着け！」「今、何時だ」などのどなり声が響いている。

まもなく、「火口に火柱が見えたとの情報もある」「ガラス窓に泥のような火山礫が当たって、激しい音を立てている」と、勧進帳（原稿を書かず、そら読みで電話送稿すること）で生々しい状況が送られてきた。

この直後、取材本部の陣容は一気にふくれあがった。東京から九人、大阪から二十三人の応援を得、西部本社も社会部、地元長崎支局に加えて、各総支局、写真、システム・機報、庶務など総勢三十二人が詰めた。東京、大阪からの応援は記者、カメラマンだけでなく、デスク、機報、自動車、庶務、航空に及んだ。

新聞協会賞受賞

十二日午後、気象庁雲仙岳測候所が「山体が膨張していることや、これまでと形態が違う火山活動が起きていることから、島原半島全体に影響を及ぼす憂慮すべき事態が考えられる」と警告した。

江戸時代の「島原大変肥後迷惑」は眉山の山体崩壊が原因だった。山体膨張が続き普賢岳が崩壊したら、その被害は確かに「島原半島全体に影響を及ぼす憂慮すべき事態」となるだろう。「山体膨張」の情報を入手した取材本部は一時避難を決めた。

先輩記者三人と車に乗り込んだ記者は、車内で「おれたちだけ逃げていいんか」という別の

真子記者が撮影した「雲仙・普賢岳火砕流」

田井中記者が最後に撮影した「直撃する火砕流」。フィルムが熱で変色している

大火砕流一周忌で慰霊の花束が投下された

記者のつぶやきを耳にし、「ドキッとした」。「沿道を見ると、何も知らない子供たちが遊んでいる。……いち早く情報をキャッチできる記者は何を、どうすればいいのか」と自問、今に至るもその答えを見いだせないでいるという。

田井中と真子生次が撮影した「雲仙・普賢岳噴火、直撃する火砕流の恐怖＝二枚組み」は一九九一年度の新聞協会賞（編集第五部門＝写真）に選ばれ、十月十五日に札幌市で開かれた第四十四回新聞大会で表彰された。読売新聞の協会賞受賞は、一九八八年度編集第二部門（キャンペーン、連載企画）で大阪本社が応募した「大阪府警の警察官による拾得金十五万円の横領と届け出た主婦犯人扱い事件に対するキャンペーン」以来三年ぶり七回目。写真では初めて。西部本社が受賞したのは、一九八六年度の編集第二部門での「在韓日本人妻里帰りキャンペーン」以来五年ぶりだった。

真子が深江町大野木場から撮影。背後に迫る大火砕流と逃げる消防署員を撮った恐怖の一コマで、四日付朝刊一面に掲載した。

田井中と真子の写真は掲載と同時に国内はもちろん、海外でも大きな反響を呼び、韓国日報をはじめ、AP通信社を通じ、ニューヨーク・タイムズ、ロサンゼルス・タイムズ、インデペンデント、その他十数か国の新聞に掲載され、「ライフ」、「タイム」、「ニューズウィーク」、「オリオンプレス」、「ル・モンド」、スターマガジン社、東亜日報社の「月刊科学東亜」、「ニュートン」などの雑誌からも提供依頼があり、掲載された。

表彰後、真子は「田井中さんと一緒に喜びたかった」と話し、田井中に代わって出席した妻栄美子さんは「皆さん同じ条件で取材をされていたのでしょうが、一生懸命カメラを守ったかいがあって、この大きな賞を受け、主人も本当に喜んでいると思います。私たち家族もこれを誇りに生きていきます」と涙ぐみながら話した。

取材本部は一九九五年九月三十日で閉鎖された。不気味な鳴動と火砕流、土石流が続く中で最大時八十人近い編集、業・総務担当者が詰めた一五九四日間だった。

新燃岳も

五十二年ぶり噴火

二〇一一（平成二十三）年一月十九日、鹿児島県と宮崎県にまたがる新燃岳《しんもえだけ》（一四二一メートル）で空気振動を伴う噴火があった。同月二十二日に続き、二十六日午前七時三十一分ごろにも小規模な噴火が起き、噴煙は火口から一五〇〇メートル上空にまで達した。鹿児島地方気象台は「噴火は続く可能性が高い」として、新燃岳の噴火警戒レベルを、「レベル2（火口周辺規制）」から「レベル3（入山規制）」に引き上げた。

この日、鹿児島県曽於《そお》市、宮崎県都城市など九市町で降灰を確認。視界不良のため、宮崎自動車道高原―田野インターチェンジ間が午後五時三十分から全面通行止めになり、JRは日豊線南宮崎―都城間で午後五時十分から列車の運転を見合わせた。宮崎空港発着の空の便も六便が欠航した。また駐車中の車の後部ガラスが噴石で割れる被害も出た。

翌二十七日午後三時四十一分には、大きな空気振動を伴って爆発的噴火が起きた。爆発的噴火は一九五九年二月以来、五十二年ぶり。噴煙は三〇〇〇メートル近くに達し、火口付近では、北西以外のほぼ全方向で長さ約一・五キロの火砕流跡も確認された。JR日豊線は一時運転を再開したが、午後六時半から再び運転を中止。宮崎自動車道は通行止めが続き、空の便も宮崎発羽田行きなど十二便が欠航した。

溶岩ドーム出現

二十八日にも爆発的噴火が起き、火口内に直径五〇メートル程度の溶岩ドームが出現。火口の南西側に長さ五〇〇～六〇〇メートルの火砕流跡が確認された。溶岩ドームは三十日、直径が十倍の五〇〇メートルに膨張し、火口に近い五一三世帯一一五八人に避難勧告が出された。

新燃岳噴火で急成長した溶岩ドーム

二月一日午前七時五十四分に四回目の爆発的噴火が発生。鹿児島地方気象台が上空から観測したところ、溶岩ドーム上部の一部が吹き飛ばされたことが確認された。空気振動も起き、鹿児島県霧島市で建物の窓ガラスが割れ、火口から約六キロ離れた同市牧園町の病院では窓ガラス三枚が割れ、入院中の女性が破片で顔を切るけがをした。

その後も空気振動を伴った爆発的噴火は続き、建物の窓ガラスが割れ、その破片で負傷する人も出た。四月以降は平穏な状態が続いていたが、六月下旬から噴煙を二〇〇〜一〇〇〇メートルまで噴き上げる活動が続いた。

二〇一二年一月以降、「マグマの供給を示す地殻変動は止まっているが、火山性地震は継続」している。

御嶽山、口永良部・新岳でも

二〇一四（平成二十六）年から一五年にかけて、日本列島の火山は東で、西で活発な活動を続けた。

二〇一四年九月二十七日午前十一時五十二分、長野・岐阜県境の御嶽山《おんたけさん》（三〇六七メートル）が噴火した。当時、山頂とその付近には二五〇人以上の登山者がおり、うち五十八人が死亡、五人が行方不明になった。十一月八日、火山噴火予知連絡会の専門家チームが噴火後、初めて山頂付近を調査し、三五センチの厚さで火山灰が積もっていたとし、後日、火山灰などの噴出量は推定五〇万トンと発表した。

二〇一五年五月二十九日午前九時五十九分ごろ、鹿児島市の南南西約一三〇キロに浮かぶ鹿児島県屋久島町・口永良部《くちのえらぶ》島の新岳（六二六メートル）で爆発的噴火が起きた。噴煙は火口から高さ九〇〇〇メートル以上に達した。火砕流も発生し、その一部は北西約二キロの向江浜の海岸まで到達。島民一人が軽いやけどを負った。

気象庁は噴火警報を発表、五段階の噴火警戒レベルを、それまでの「3（入山規制）」から「5（避難）」に引き上げた。二〇〇七年に噴火警戒レベルを導入して以来、「5」が出るのは全国で初めて。

これを受け、町は午前十時二十分、全島民に避難指示を出した。当時島にいた島民や観光客ら計一三七人全員が、噴火から六時間足らずのうちにフェリーなどで約一二キロ離れた屋久島に避難、公民館などの避難所に身を寄せた。

火山噴火予知連絡会は三十日、今回の爆発的噴火は、マグマが地下水に直接触れて起きる「マグマ水蒸気爆発」との見解をまとめたが、まだ地下のマグマの一部しか噴出していないと推定、避難については「年単位も考えなければならない」と長期化する可能性を示した。

六月一日に島民や消防団員ら二十九人が一時帰島、住宅の戸締まりや火の元、家畜の状況などを確認した。

新岳は六月十八日に再噴火した。一回目は午後零時十七分から三十分間、二回目は午後四時三十一分ごろ。気象庁は「引き続き爆発的噴火が起きる可能性がある」として噴火警戒レベルを最高の「5」のまま維持しているが、十二月に避難支持を大半の地区で解除し、約半数の住民が帰島した。

新岳は二〇一四年八月三日、一九八〇年九月以来、約三十四年ぶりに噴火。気象庁は噴火警戒レベルを「1（活火山であることに留意）」から「3（入山規制）」に引き上げ、町は火口から半径約二キロ内への立ち入りを規制していた。

浅間山、諏訪瀬・御岳

二〇一五年六月十六日には群馬・長野県境の浅間山がごく小規模ながら噴火し、同月三十日には神奈川・静岡県境の箱根山でもごく小規模な噴火が発生。二十九日に見つかった新たな噴気孔の周辺に大量の火山灰があったほか、直径約三〇センチの噴石が半径四〇〜五〇メートルの範囲に飛散しているのが確認された。

七月三十日午後九時五十分、鹿児島県十島村・諏訪之瀬島の御岳（七九六メートル）でごく小規模な噴火が発生した。噴火は五月十七日以来。翌三十一日午後六時二十分ごろにも小規模な噴火があった。

硫黄山、桜島

二〇一五（平成二十七）年七月二十六日には、宮崎、鹿児島県にまたがる霧島連山の硫黄山（宮崎県えびの市、一三一七メートル）周辺で、マグマなどの動きを示す火山性微動が発生。気象庁は「規模の小さな噴出現象が突発的に発生する可能性がある」と注意を呼びかけた。

また、鹿児島市の桜島（一一一七メートル）で火山性地震が多発、規模の大きな噴火が起きる可能性があるとして、気象庁と福岡管区気象台は同年八月十五日午前十時十五分、噴火警戒レベルを「3（入山規制）」から「4（避難準備）」へ引き上げた。桜島での噴火警戒レベル「4」は初めてである。

島内に設置している傾斜計と伸縮計で、山体の膨張を示す地殻変動が観測された。気象庁などは「火口から三キロ圏に被害が及ぶ可能性が高い」として、厳重な警戒を呼びかけた。

鹿児島市は十五日夕、昭和火口と南岳山頂火口から三キロ内にある有村町、古里町、黒神町の計五十一世帯七十七人に避難勧告を出し、対象となった全員が避難した。

十九日未明には、昭和火口でごく小さい噴火が発生。火口付近の噴煙や雲が高温のガスなどで赤く照らされる「火映」現象も確認された。

気象庁の火山噴火予知連絡会は二十一日、観測データを分析し、「規模の大きな噴火が発生する可能性は低下している」との見解をまとめた。これを受け、鹿児島市は翌二十二日、五十一世帯七十七人に対する避難勧告を解除。住民は一週間ぶりに自宅に戻った。

桜島では一九一四(大正三)年一月に「大正噴火」が発生。マグニチュード7・1の地震も起き、死者・行方不明者五十八人、負傷者一一二人に上った。一九八六年の噴火では、重さ五トンの噴石が約三キロ離れたホテルを直撃、宿泊客ら六人が負傷した。

活発化する火山

日本には、北方領土を含めて一一〇の活火山がある。東日本大震災から約二年の間に、富士山など国内二十一の火山で小さな地震の増加が観測され、九州の火山でも活発な活動が続いている。

もちろん、それ以前にも火山活動は起きている。一九七九(昭和五十四)年の阿蘇と桜島の爆発を振り返る。

同年九月六日午後一時過ぎ、熊本県・阿蘇中岳が突然、「ドーン」という大音響とともに爆発、噴煙を上空二〇〇〇メートルまで噴き上げた。火口から北東へ約一・二キロ離れた楢尾岳（一三三一メートル）方向に、無数の噴石、火山弾が飛び散った。

たまたま同岳山頂展望所で噴煙を見物した後、ふもとの阿蘇山ロープウエー火口東駅へ一〇〇メートルのところまで下山していた観光客ら十人に火山弾が降りかかり、先頭にいた東京都内の男性（五十四歳）の頭を直径四十センチ、重さ十五キロの石が直撃、男性は即死。他に四人が噴石や爆風でばたばたと倒れ、うち二人が死亡した。

このグループと入れ違いに、同展望所に向かう観光客らが火口東駅から三〇メートルのところにいたが、爆発と同時に、待避壕を兼ねる駅の鉄筋コンクリートの建物内に逃げ込んだ。しかし、大きな噴石や火山弾が降ってきて、厚さ二十五センチのコンクリート製天井やひさしを突き破って落下。

陸上自衛隊西部航空方面隊と熊本県警のヘリコプター六機が出動、観光客や売店従業員ら計五十五人を救出した。

阿蘇の爆発で死者が出たのは一九五八（昭和三十三）年六月の爆発（死者十二人、重軽傷者二十八人）以来二十一年三カ月ぶりだった。

旅客機も被害

一カ月余り後の十一月十八日朝には、爆発した桜島の噴煙に突っこむなどして、全日空機の操縦席前面の窓ガラスにヒビが入る事故が起きた。

午前八時一分、東京行きの全日空機が鹿児島空港を離陸、鹿児島県福山町（現・霧島市）上空一八〇〇メートルを飛行中、操縦席前面の窓ガラス二枚にクモの巣状のヒビが入り、十三分後に鹿児島空港に引き返した。二分後の午前八時三分にも、鹿児島空港への着陸態勢に入っていた大阪発の全日空機が宮崎県都城市上空四三〇〇メートルを飛行中、操縦席の窓ガラス二枚がヒビ割れた。

この日、桜島は午前七時四十分に爆発しており、火山礫か火山砂を受けたらしい。桜島噴煙による航空機の窓ガラス損傷事故はそれまでにも一九七五（昭和五十）年四月、一九七七年十二月、一九七八年十二月と三件起きていた。

福岡県西方沖地震

連休を襲った強い揺れ

二〇〇五（平成十七）年三月二十日。日曜日。春分の日でもあった。翌二十一日が振り替え休日で、二連休、あるいは土曜日から三連休の人も多かったと思われる。しかし、ゆったりとした気分は、たちまち打ち破られた。

午前十時五十三分、福岡市の北西約二〇キロの玄界灘を震源とする地震が発生。福岡市東区、中央区、福岡県前原市（現・糸島市）、佐賀県みやき町で震度六弱を観測した。揺れの大きさは、中央区の十五階建てマンション九階にある自宅でくつろいでいた人が「家電製品や雑貨、風呂のふたと湯まで宙を飛んだ」と振り返るすさまじさだった。死者は福岡県で一人、負傷者は福岡、佐賀、長崎県で計約一二〇〇人。家屋被害は一部損壊を含め計約一万棟。福岡市・玄界島の住民は全島避難した。

都心・天神では福岡ビル（十階建て）の窓ガラス四四四枚が割れて落下、ビルやマンションに亀裂が入り、ブロック塀が倒壊した。福岡管区気象台によると、震源の深さは九キロ、地震の規模（マグニチュード＝M）は7・0と推定された。原因は海底を走る未知の断層の横ずれだった。余震は五月三十一日までに震度一以上が三五〇回以上続き、最大の余震は四月二十日午前六時十一分に発生。最大震度は五強だった。

「地震空白域」とされていた地域を襲った

窓ガラスが割れた福岡ビル

強い揺れに街は緊迫した。読売新聞西部本社はこの日、二度にわたって号外を発行、福岡市の天神、JR博多駅と北九州市のJR小倉駅で配布した。同時に、社会部は、鹿児島支局、東京本社社会部の応援を含む計八人の記者、カメラマンを、甚大な被害に遭った玄界島に派遣、漁港近くの漁村センターに五連泊、余震の続く中で取材に当たった。翌二十一日は特別夕刊を発行、計七万七九六〇部を福岡県内の読者に届けた。

「島だより」で被災地密着

この地震報道で読売新聞西部本社は、被災者の視点に立った「震災掲示板」を掲載し、「島だより」を発行した。

「震災掲示板」は三月二十二日夕刊からスタート。避難所の様子や支援の動きを追ったニュースのほか、電気・水道・ガスなどのトラブルの相談窓口、公営住宅への一時入居、中小企業向け融資の問い合わせ先を伝える「情報コーナー」、被災者やその支援を続けている人たちの「声」、避難者数の推移などを連日、朝夕刊に掲載（四月四日から夕刊に一本化）した。四月十一日からは「備えのススメ」を掲載し、防災グッズ、地震保険、避難方法、避難所でのペットの飼い方などを紹介した。

「島だより」はB4判、両面カラー。島外に避難した玄界島の住民に、復興する島の姿を伝えようと、三月二十六日から発行した。毎日三百部印刷、午後四時ごろ、避難先の九電記念体育館に届けた。

仮設住宅の建設、港の補修工事、ごみ焼却炉の運転再開など復旧の進み具合とともに、島に咲く花々、ツバメの訪れなど季節感あふれる話題も掲載した。「島の様子がよく分かり、心が落ち着く」と好評で、玄界中の校長からは「バックナンバーを全部そろえたい」と追加注文もあった。

四月下旬、島民が仮設住宅に引っ越してからは週一回の発行とし、地震から半年を迎えた九月中旬に終了した。通算五十二号。島の全戸に一号～最終号を冊子にして配布した。広報宣伝部は、全五十二号の表裏、計一〇四枚をA３判のパネルにして、本社一階のよみうりプラザで展示後、島側に寄贈した。

何カ所も崩落した玄界島の西側

島の復興をリードした伊藤和義・市漁協玄界島支所会長が「島民が島と本土に引き裂かれ、さびしい思いをしている時、島から『かもめ』(仮設住宅)に届けられるこの『たより』に感動させられた。新聞のもつ意味をかみしめた。心より感謝したい」と述べるのを聞いて、取材班の苦労は吹き飛んだ。

なお、本格的な免震構造を採用している十階建ての読売新聞西部本社ビルは、ビルの動きを記録する「けがき棒」やビル縁の痕跡から、南北方向に各約十センチ揺れ、基準点より七ミリずれたことが分かった。しかし、ビル内は揺れが制御され、新聞発行に支障はなかった。

風水害

長崎大水害

台風による風・高潮被害、豪雨による山・崖崩れ、土石流など「雨災害」が多いのも九州・山口・沖縄エリアの災害の特徴といえる。国土交通省九州地方整備局の資料などを参考に、西部発刊後に起きた主な「雨災害」を概観する。

第一に挙げなければならないのは、一九八二（昭和五十七）年七月二十三日から翌二十四日にかけての長崎大水害だろう。

この年は梅雨入りが遅く、九州北部は平年より八日遅い六月十三日だった。七月上旬まで少雨傾向が続き、自治体の中には節水を呼びかけるところもあった。

ところが、梅雨末期になって一転、梅雨前線の活動が活発化して大雨となり、七月十日から二十日にかけて西日本各地で一日の降水量が一〇〇ミリを超える大雨が続き、広島市で十六日に二二三ミリ、長崎市で二十日に二四三ミリを記録した。

二十一日以降、梅雨前線の活動は小康状態となり、わずかな時間ではあったが青空から日も差した。しかし、それもつかの間、二十三日から二十五日にかけて低気圧が相次いで西日本を通過、それに伴って梅雨前線の活動が再び活発になった。

二十三日午後七時ごろから翌二十四日未明にかけて、湿った南風が梅雨前線に吹き込んで雨となる「湿舌《しつぜつ》現象」が起き、長崎県南部を中心に想像を絶する豪雨が襲った。長崎海洋気象台（現・長崎地方気象台）は二十三日午後七時から十時まで、三時間連続して一〇〇ミリ前後の猛烈な雨を観測、三時間雨量は六月の月間雨量に相当する三一三ミリに達した。東長崎地区の雨量計は同じ時間帯に三六六ミリを記録した。長与町役場の雨量計は二十三日午後八時までの一時間に一八七ミリ、外海《そとめ》町役場の雨量計は同八時までの二時間に二八六ミリを、それぞれ記録した。

このすさまじい集中豪雨で、長崎市内を流れる中島川、浦上川、八郎川など各河川が氾濫、国道三十四号線が寸断され、多くの家屋が倒壊し、重要文化財の眼鏡橋も崩壊した。死者・行方不明者は二九九人に上った。

「低地帯を抜ける国道二〇六号線はすでに濁流と化し、（車で取材に向かった記者たちは）行く手を完全に封じられた。水かさは刻一刻増え続ける。支局の指示をあおぐ無線交信に突然、

『流される』と悲鳴にも似た絶叫……（中略）『逃げろ』とどなる支局長」「追い打ちをかけるように、あちこちで生き埋め事故の同時多発。非情の雨は、土石流とともに多くの人命をのみこんでいた」

一九八二年九月二十五日発行の社報に、読売新聞長崎支局員が寄せた「その瞬間」である。

北九州市小倉北区にあった旧本社三階の編集局。地方部の、各支局とを結ぶ専用線のスピーカーから「長崎から地方部！」という大声が響いた。豪雨被害の一報である。その一報を復唱する地方部デスクの声に、編集局全体が緊迫した。「社会部！　応援しろ」。社会部記者の何人かが、通路を挟んで隣り合う地方部に走った。直後から、「〇〇で〇人生き埋め」「××でも××人」といった生き埋め情報がスピーカーを通じて間断なく入り続けた。

二十四日朝刊は、「編集手帳」を除いた一面全面を「長崎に集中豪雨禍　死者35人、不明252人　土砂崩れ、はんらん続出　旅館倒壊、客下敷き　夕食時に生き埋め」「二十戸全滅」「重文眼鏡橋が流失」などで埋め、二、三面にグラフ、二十二、二十三面に関連記事を配した。

二十四日は本社からカメラマンがヘリで長崎市に向かい、「鉄砲水で石と泥と化した」街を空撮。本社と福岡総局から車で応援に向かった部隊もこの日朝、「（行く手を阻まれた）車を（途中で）捨てて電送機やカメラ機材を抱え、泥土の中を胸までつかって歩いて……」支局に到着。到着後、服を乾かすまもなく取材へ飛び出した。ある写真部員は、山中に生存者がいるとの連絡（後に狂言と判明）で現場に向かい、その際、泥土に沈み込む共同通信のカメラマンに手を差し伸べて引き揚げ、救出した。

夕刊は一面で「死亡91　不明・生き埋め２５１」と被害の拡大を、ほぼ全面を使って報じた。この長崎大水害では、民家が山の斜面に張り付く「斜面都市」長崎の地理的条件が災いし、土砂災害による犠牲が溺死者を大きく上回った。死者・行方不明者は最終的に二九九人、うち約九割が土石流、山崖崩れによるものだった。夜間で、停電という悪条件も被害を大きくした。

この水害を機に「記録的短時間大雨情報」が創設された。

上：崩れ落ちた重要文化財「眼鏡橋」
下：鉄砲水で石と泥に覆われた長崎市川平町

台風十九号

一九九一（平成三）年九月二十七日に長崎県佐世保市に上陸した台風十九号。福岡市のほぼ真上を通過して山口県をかすめた後、日本海に抜け、翌朝、北海道に再上陸した。一九五四年九月に青函連絡船「洞爺丸《とうやまる》」を転覆させ、死者・行方不明者一七六一人を出した「洞爺丸台風」に類似したコースをたどったことでも知られる。

福岡管区気象台などによると、上陸時の中心気圧は九四〇ヘクトパスカル、北海道に再上陸した時もなお九五五ヘクトパスカルだった。勢力を保ったまま速い速度で北上したため各地で暴風が吹き荒れ、阿蘇山では六〇・九メートル、青森市で五三・九メートルの最大瞬間風速を記録した。非公式記録だが、鹿児島県・下甑《しもこしき》島の航空自衛隊ヘリ基地で二十七日午後一時過ぎに八八メートルの最大瞬間風速を観測したという。

九州内では約二百万九千戸、全供給世帯・事業所の三六パーセントが停電。博多湾では韓国貨物船（十人乗り組み）が転覆、四人が行方不明。ベトナム船籍の貨物船が座礁、重油が流出した。有明海ではノリ網の支柱数万本が沿岸に吹き寄せられた。重要文化財・熊本城の長塀の一部が崩れ落ち、広島県・宮島の厳島神社では重要文化財の能舞台が倒壊、回廊（国宝）の床板が流失するなど、被害は全国各地に広がった。

大分県玖珠《くす》町、同天瀬町（現・日田市）、熊本県小国町などの山林では大規模な風倒木が発生し、流木や土石流による二次被害が心配された。青森ではリンゴが落ちるなど甚大な被害が出

集中豪雨で水浸しになったJR博多駅前一帯（2003年7月）

て「リンゴ台風」と呼ばれることにもなった。

都市型水害の恐怖

一九九九（平成十一）年六月二十九日。梅雨前線の活動が活発化し、九州北部では明け方から激しい雨となった。福岡市では午前九時までの一時間に七七ミリに達し、福岡市内中心部を流れる御笠川が三カ所で氾濫、市内が浸水した。〝くぼ地〟状になっているJR博多駅と周辺は、排水不良も重なって最大一メートル程度浸水した。博多駅の南東約三〇〇メートルにあるオフィスビル（地上六階、地下一階）では、濁流が高さ四〇センチの止水板を越え流入。約五〇〇平方メートルの地下一階は完全に水没し、逃げ遅れた女性従業員一人が水死した。

地下の空間にいた人が犠牲になったのはわが国の災害史上初めてで、都市型水害の新たな問題点を浮き彫りにしたといえる。

この浸水によって、地下鉄やＪＲは運休、道路も通行不能となるなど市民生活は大きな影響を受けた。

さらに二〇〇三年七月十九日、御笠川上流の福岡県太宰府市で集中豪雨が発生。一九九九年の氾濫後、激甚災害対策特別緊急事業を行っていた御笠川がまた氾濫、ＪＲ博多駅周辺で浸水被害が起き、ＪＲや地下鉄なども浸水した。

福岡市は、博多駅周辺を都市型水害から守るための浸水対策事業を行った。街がコンクリート張りになると、屋根に降った雨は約七分間で河川に流入するとされる。その間、一気に排水管に集中するわけで、排水設備や河川の整備などは今後も重要な施策であることに変わりない。

渇水

これまで見てきた災害とは性格を異にするが、気象が原因で市民生活に大きな影響を及ぼした渇水についても触れておく。

北部九州は一九七七（昭和五十二）年七月以降、少雨傾向が続き、福岡市では翌一九七八年二月上旬に水源である六つのダムの貯水率が満水時の約二一パーセントにまで落ち込んだ。一

江川ダムの底から姿を現した旧江川小の校庭（福岡県甘木市）

九七八年五月十一日の読売新聞の福岡版は「〃水ガメ〃干上がる福岡市」の見出しを掲げ、深刻化する福岡市の水事情をトップで伝えている。

その記事によると、六ダムのうち、脊振《せふり》ダム二三・五パーセント、曲淵ダム一三・六パーセント、南畑ダム一六・八パーセント、江川ダム一八・七パーセントと、四つまでが干上がり状態。残る瑞梅寺ダムは四七・四パーセント、久原ダムは九三・三五パーセントだが、この二つは容量が小さく、六ダム合計の総有効貯水量は八一九万三〇〇〇トン、約二一パーセントにまで落ち込み、「昨年の九二パーセントに比べると異常な減り方だ」。

「異常減水」に追い込まれたのは、「使用量が増えたためではなく、もっぱら雨不足のため」とし、記事は福岡管区気象台の雨量の観測結果を次のように紹介した。

「今年四月の降雨量は計五七ミリで、最近三十年間の四月の平均月間雨量一三三・九ミリに比べ、七六・九ミリも少ないうえ、一—二日間にまとまって降ることがないのが響いている。十一日に一六・五ミリ降ったのが最高で、あとは降っても〇・五—一ミリという日が多い」。三月も平年より三四・五ミリ少ない六二ミリ、五月も「〇・〇ミリ」というおしめりを含めても、記事執筆時の十日までに、雨が降ったのは四日間しかない、と伝えている。

少雨傾向は続き、福岡市の水事情はさらに悪化。六ダムの有効貯水量が一八・四パーセントにまで落ち込んだため、市は五月二十日から、第一次給水制限（午後九時〜翌朝六時の九時間断水）を始めた。

同市の給水制限（断水）は、一九五八年七〜八月、一九六〇年八〜九月、一九六四年七月、一九六六年九月、一九六七年六〜七月、一九七五年九月と頻繁に繰り返されており、一九七八年の断水は二年七カ月ぶりだった。

しかし、水事情は好転せず、五月二十五日から第二次給水制限（午後九時〜翌日正午の十五時間断水）、六月一日から午後九時〜翌日午後四時の十九時間断水へと制限を強化した。

市民は水の確保に追われ、バケツやポリタンクに水をため、それを少しずつ使う生活に追い込まれた。給水時間になって蛇口から水が出る家庭はいい方で、水圧の低い高台の団地やマンションは〝終日断水〟に見舞われ、連日、バケツを持って給水車を待つ長い列ができた。スーパーでは、調理不要で食器を汚さなくてすむ食パンや缶詰、紙皿、紙おむつが売れた。一時的に市外へ転居する人もいた。

学校では給食が節水メニューになり、プールは使用禁止、掃除はからぶきだけで、「断水休講」する大学もあった。

福岡市は、当時試験貯水中だった寺内ダム（福岡県甘木市＝現・朝倉市）から三度にわたって水をもらい、国鉄（当時）も給水列車を出したほか、大阪市や九州各県から応援の給水車が相次いで到着。自衛隊も水を運び、タンカーでの水輸送が真剣に検討された。また人工降雨作戦も展開された。

節水のため水筒を持参して給食をとる児童

こうした水パニックの中で、福岡市は節水型都市づくりを目指し、「福岡市節水型水利用等に関する措置要項」を作成した。要項には延べ床面積五〇〇〇平方メートル以上で、給水管口径五〇ミリ以上を予定している大型ビル建設に、節水機器の使用、中水道の使用計画を盛り込むことなどが求められていた。

市は、一九七八年十二月二十日から、翌年一月五日までの年末年始期間（十七日間）、給水制限を解除した。二十日付朝刊社会面で、この「断水解除」を報じたが、その見出し「夜の博多に水が出る!」に、市民の喜び、安堵感が詰まっている。記事の前文も「十九日午後一時から出始めた水が午後十時の断水時間になってもバルブを閉めなかったため、そのまま完全給水体制に流れ込み、同日午後から企業、飲食店街、一般企業とも水のない〝砂漠生活〟から解放され、二一五日ぶりに夜の博多に活気がよみがえった」と弾んでいる。

年末年始期間が終わると、その後は再び給水制限が続いた。しかし、二月から三月にかけての降水量が平年よりやや多く、六ダムの貯水率も順調に回復し、三月二十四日午前九時には四九・二パーセントと、前年同期の約二・二倍、平年の九二パーセントに回復した。

進藤一馬・福岡市長は同日午前十一時から記者会見。「二十五日午前零時から給水制限を解除する」と発表した。当時は午前零時から同六時までの六時間断水中で、実質的には二十四日午前六時の時点で断水は終わったことになる。福岡市の給水制限が全面解除されたのは実に三〇九日ぶりだった。福岡市はこのあと、「節水都市づくり」へと進む。

福岡県内で、一九七八年に給水制限に踏み切ったのは五市六町一村。うち、北九州市は、福岡市より早く、同年十二月十一日夜から九時間断水(午後十時~翌朝七時)を全面解除した。北九州市は六月八日に九時間断水に入り、途中に制限解除、お盆の特別解除などがあったが、延べ一七〇日間の〝渇水生活〟から解放された。同市から給水を受けている水巻町も解除された。

主な災害

西部発刊以降に起きた他の主な災害を写真でたどる（マグニチュード［M］は福岡管区気象台の発表による。日付は撮影日）。

1968年、えびの地震。２月から３月にかけ断続的に強い地震が襲った（２月21日、M6.1、死者３人）

1975年、阿蘇地方地震。崩落した大岩が阿蘇—小国線を破壊（１月23日、M6.1、負傷者10人）

1975年、大分県中部地震。崩壊した大分県湯布院町の九重レークサイドホテル（４月21日、M6.4、負傷者22人）

1983年、山陰豪雨。河川がはんらん、土砂に埋まった島根県三隅町（7月23日）

1977年、鹿児島豪雨。鹿児島市、竜ヶ水で土砂崩れ（6月25日、死者9人）

山崩れ死亡不明15人に
五木村 雨中の救出進まず

1984年、熊本県五木村で豪雨による土砂崩れ（6月29日、死者15人）

1990年、九州梅雨豪雨。流木で埋まった熊本県一の宮町（7月4日）

1986年、生々しい爪痕を残す鹿児島市平之町のがけ崩れ（7月11日）

廃虚の集落に立ちすくむ

島原の3町 住民立ち入り

家も田も消えた

1991年、雲仙・普賢岳噴火。火砕流と土石流に襲われた島原市天神元町付近。後方は普賢岳（9月26日）

鹿児島豪雨禍 最悪の事態

市内37か所で生き埋め

死亡31人・不明43人

竜ヶ水駅消失 1600人海から脱出

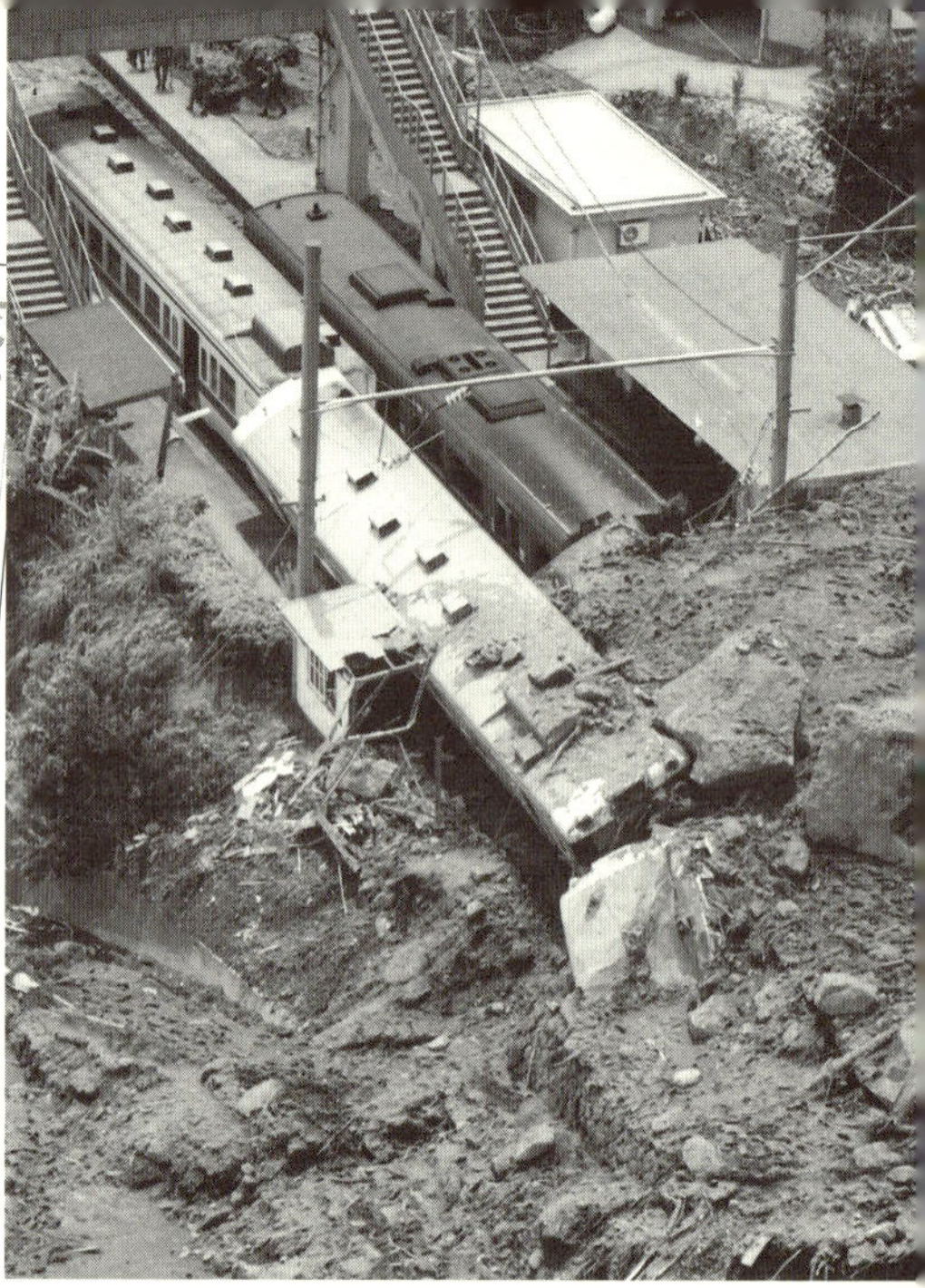

1993年、鹿児島集中豪雨。竜ヶ水駅で土砂に埋まった列車（８月７日、死者・行方不明49人）

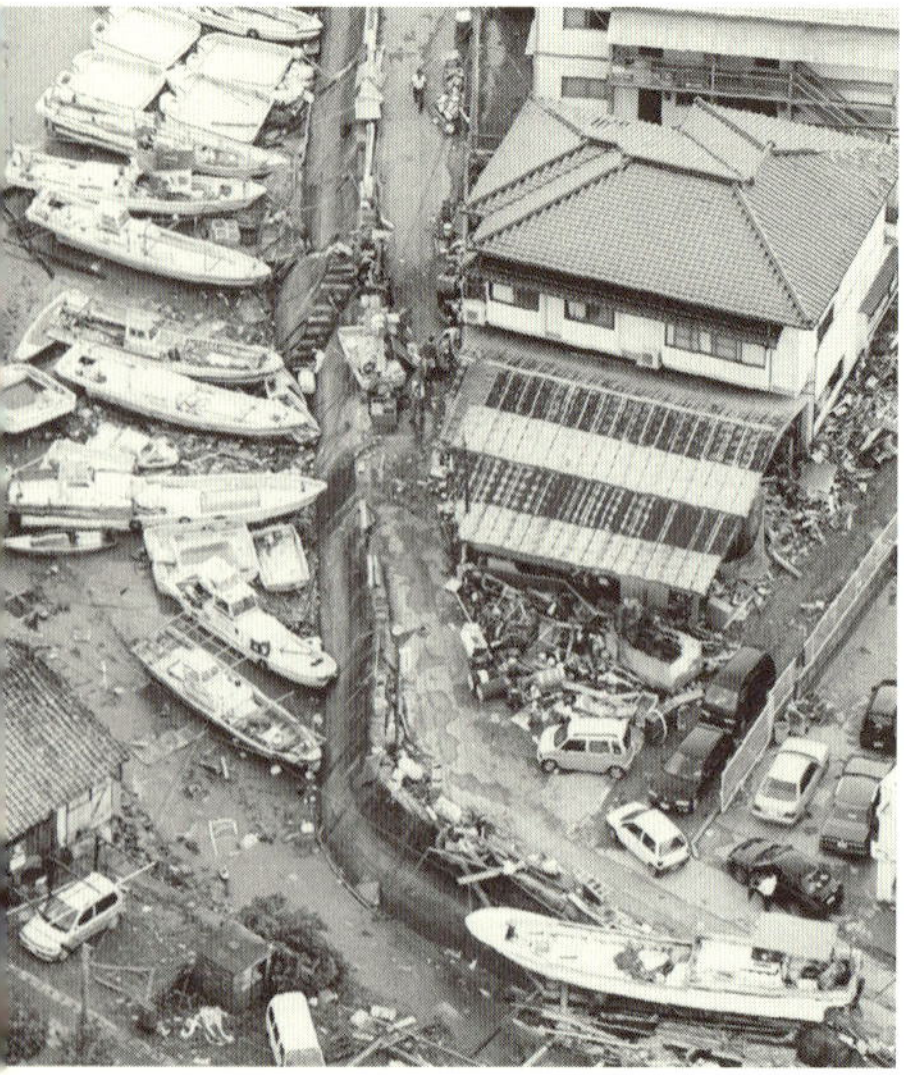

1999年、台風18号。高潮による被害が続出した（９月24日、熊本県不知火町、死者24人）

1997年、鹿児島県出水市土石流。梅雨前線による豪雨で土石流が発生、散乱したミカン箱（７月10日、死者21人）

2003年、台風６号。太いケヤキも猛烈な風に
なぎ倒された（６月19日、福岡市中央区）

2003年、熊本県豪雨。土石流で押し流された家屋付近を捜索する
自衛隊員ら（７月20日、熊本県水俣市、死者・行方不明24人）

2005年、台風14号。鉄橋が流された高千穂鉄道。その後全線廃止された（9月7日、宮崎県北方町）

2004年、台風18号。強風で山林のスギやヒノキがなぎ倒され各地で風倒木被害（9月8日、福岡県矢部村）

2005年、滝のように降り注ぐ雨（中央は筑後川、8月5日、福岡県久留米市）

2006年、台風13号。造船所のクレーンが倒壊（９月19日、長崎市の三菱重工業長崎造船所）

2006年、九州南部豪雨。大雨で倒壊した家屋（７月24日、鹿児島県さつま町、死者４人、行方不明１人）

2007年、熊本豪雨。濁流が押し寄せた家屋（７月６日、熊本県美里町）

2008年、鹿児島県垂水市で竜巻が発生、
民家を襲った（３月28日）

2009年、九州北部豪雨。九州自動車道ののり面が崩れ、走行中の車を巻き込んだ（７月26日、福岡県大野城市）

2010年、九州・山口豪雨。ボートで救助される住民（７月15日、山口県山陽小野田市）

二〇一二年、九州北部豪雨
九州写真記者協会賞（最高賞）に
選ばれた五枚の組み写真

幼児を抱きかかえて救出する消防団員（７月14日、福岡県朝倉市）

濁流の中、軽トラックの荷台で救助を待つ男性（７月14日、福岡県みやま市）
ニュース単写真部門で受賞

右上：白川のはんらんで住宅が倒壊（7月12日、熊本市）
左上：山肌をえぐり集落に流れ込んだ土砂（7月12日、熊本県阿蘇市）
左中：はんらんで妻の墓や遺骨も失う。被災後初めて自宅跡を訪れた男性（8月13日、大分県竹田市）
左下：行方不明になっていた最後の1人が見つかり、頭を下げて見送る住民（7月12日、熊本県阿蘇市）

事故　くり返される悲劇

航空機事故

日航機が羽田沖に墜落

一九八二（昭和五十七）年二月九日午前八時四十四分、東京・羽田空港に進入中の福岡発東京行き日本航空三五〇便（DC8―61型機）が、着陸に失敗、空港約五〇〇メートル手前の海上に突っ込んだ。乗員乗客一七四人のうち二十四人が死亡、一四九人が重軽傷を負った。

同機は午前七時三十四分、福岡空港を離陸。乗務員八人と乗客一六六人（女性十五人）が搭乗していた。乗客のほとんどが働き盛りのビジネスマンだった。運輸省航空事故調査委員会の「航空事故調査報告書」によると、飛行は極めて順調で、管制塔から着陸許可が出ると、八時四十四分〇一秒、機長は自動操縦を解除して、手動操縦に切り替えた。その直後、機長は操縦桿《かん》を前に押して機首を下げ、全エンジンのパワーを急激に落とし、さらにジェットエンジンを逆噴射させた。機体には急ブレーキがかかり、航空機関士が「パワー・ロー!」と絶叫、「キャプテン(機長)、やめてください」と副操縦士が悲鳴をあげ操縦桿を引き起こそうとしたが、機長は両手で押さえ続け、四十四分〇七秒、同機は滑走路先端から五一〇メートル手前の海中に立つ進入灯に前輪を激突させ、左横滑りの状態で真冬の海に水しぶきを上げて突入した。

海中の進入灯を次々になぎ倒した右の主翼は付け根からちぎれ、ショックでエンジン、車輪は脱落。機体は前部出入り口付近で二つに折れ、前部胴体に後部胴体が乗り上げた。機首部に座っていた乗客は海に飛び出した直後、滑ってきた後部の胴体におしつぶされ、後部胴体の前面に座っていた人たちは折れて前方に沈んだ機首に激突して即死、あるいは海に投げ出されて溺死した。それでも、犠牲者が二十四人にとどまったのは、エンジンが海中に脱落したため爆発しなかったこと、客室の損壊が比較的軽微だったこと、干潮時で海が浅く機体の水没部分が少なかったこと、乳幼児がいなかったことなどが挙げられる。

事故発生の四日後に日航社長は緊急記者会見し、機長には「心身症」の病歴があり、いったん副操縦士に降格後、前年十一月に機長に復帰したと発表。その後の事故調査委員会の調査で、機長の精神的変調は六年前から始まっていたことが分かった。

乗客のほとんどが九州や近県の在住、勤務者だったため、乗客や遺体が戻ってきた数日後か

機首がもぎとられたＤＣ８型機。翼の上で救出作業が続く

ら地元取材は本格化した。機長の逆噴射が明らかになったころまでは、遺族や乗客の怒りの声をストレートに伝える紙面展開でよかったが、補償問題に焦点が移ってくると、遺族取材は困難になっていった。日航側は交渉経過を公表しないよう個別に要請。遺族側にも「訴訟より示談で」との対応を希望するケースが多く、一周忌を過ぎてからは、取材に応じる遺族も減った。

ガルーダ機墜落事故

一九九六（平成八）年六月十三日午後零時九分、福岡市博多区の福岡空港で、同空港発デンパサール（インドネシア・バリ島）経由ジャカルタ行きのガルーダ・インドネシア航空機（ＤＣ10型機）が離陸直後に墜落、滑走路南端から約六二〇メートル滑走して、機体が腹ばいになった状態で大破して炎上。乗客三人が死亡、乗員を含む一七〇人（事故調）が重軽傷を負った。

目撃証言によると、事故機はいったん機首を上げ、五メートルほど飛び上がったあと機体が沈み、車輪が滑走路に触れて数回バウンド。滑走路南側のフェンス（高さ二・六メートル）を突き破ったあと、県道を横切り、さらに道路反対側のフェンスも突き破って、緩衝緑地帯で機首を南東に向けて止まった。出火とともに炎と黒煙が上がり、消防車七十三台、ヘリコプター一機が消火作業に当たった。市消防局空港出張所の消防隊員らは炎上する機体に化学消火剤をまいて脱出口を確保、乗客を脱出させた。

福岡空港は福岡市内の中心部に位置し、敷地約三五〇ヘクタール。南北方向に二八〇〇メートルの滑走路一本が走る。ＪＲ博多駅から二・五キロ、天神からでも四・五キロしか離れておらず、全国でも最も都心部に近い便利な空港として知られている。当時、三分十二秒に一機が発着する過密空港で、利用客は東京国際（羽田）、新東京国際（成田）についで三番目に多い。発着する航空機は百万都市のビル上空を飛び交っており、万一の場合は住民や通行人を巻き込む事故となる危険性も指摘されていた。

ガルーダ機の事故は読売新聞西部本社管内では初めての大型航空機事故で、初動取材での適切な人員配置、難解な専門用語との格闘、現地本部の有効活用など、多くの教訓を得ながら取材に懸命に走り続けた。福岡総本部は乗員・乗客名簿（ローマ字表記）をいち早く入手し、西部本社にファクス送信。各部の協力で夕刊最終版に掲載することに成功した。これらは他紙にはなかった。企画「航空機炎上――都市型空港・福岡」を十五日朝刊からスタートさせた。

着陸に失敗、炎上するガルーダ機

空港事務所の会議室に、現地本部ができたのは事故発生から一時間三十分後。読売取材陣の出足は早く、二十人以上が座ることができる机といす、機材を置けるスペースを確保。これが十日余の現地発の報道に大きく貢献した。現地本部の設置は五年前の雲仙・普賢岳噴火の取材以来で、取材陣は最多時、五十人を超えた。

続報の勝負は機長の供述に絞られたが、十八日朝刊一面トップで「エンジン異常聞き離陸中止」を特報、同時に社会面では「機体撤去めど立たず」を抜いた。各社は夕刊で追報してきた。さらに二十四日朝刊一面では、運輸省航空事故調査委員会（事故調）に対する機長の供述内容を、福岡総本部で一番若い記者二人がものにした。大阪本社から応援にきた航空担当記者が、独自のアンテナを駆使して「右エンジン不調なぜ　老朽化説も」で社会面トップを飾った。

発生時の取材合戦が一段落すると、事故原因の究明に移った。これは、事故調の報告を待つしかない。事故調は翌一九九七年十一月二十日、ようやく事故原因などに関する最終報告書を運輸大臣に提出した。

それによると、機長は離陸時、三基のエンジンのうち右主翼のエンジン一基が故障していることに気づいた。機体はすでに「V1（離陸を続ける方が安全とされる「離陸決心速度」。この時は時速二七六キロ）を超えて浮上しており、離陸を続ける方が安全だったが、機長の状況判断は的確ではなく、離陸中断の操作をした」と指摘。そのうえで、機長らが事故前の一年間に受けた操縦訓練は、V1以降にエンジン一基が停止したケースを想定しておらず、「訓練不足が判断に影響した可能性がある」とした。

これを受けて福岡地検は「機長の判断ミス」が業務上過失致死傷罪に当たるかどうかを捜査したが、二〇〇〇年三月二十四日、「嫌疑不十分」で不起訴を決定した。エンジン故障から離陸中断操作までの「二秒間」の機長判断について、①この時間内にエンジン故障が一基だけと機長が確認するのは困難②ガルーダ社やメーカーの規定で、V1に達したあとも機長が離陸継続を危険と判断すれば中断が許容されている――ことから、「刑事責任を問うほどの注意義務違反があったとは認定できない」と結論づけたのである。遺族からはガルーダ航空の補償対応に不満の声が強く、示談による交渉は不調に終わり、民事責任を追及するため損害賠償請求訴訟が起こされた。

海難事故

松生丸事件

一九七五（昭和五十）年九月二日午前、中国・旅大（現・大連）の東一八〇キロの黄海で、佐賀県呼子町のフグはえなわ漁船「松生丸」（四九・八トン）が北朝鮮の船艇に銃撃され、乗組員九人のうち、二人が死亡、二人が負傷した。「松生丸」は負傷者を手当てするために中国・海洋島に緊急入域したい旨、長崎海上保安部に連絡したが、直後に北朝鮮に連行され、無線は閉鎖された。

「松生丸」の近くにいた山口県のフグはえなわ漁船からの緊急連絡を、午前十時十分に長崎県野母崎漁業無線局がキャッチ。長崎海上保安部を通じて第七管区海上保安本部（北九州）に連絡し、銃撃を受けたことが明らかになった。

外務省は、事件発生現場が北朝鮮と中国の国境の延長線上の公海とみられるため、北朝鮮に対しては日本赤十字社、中国に対しては中国大使館を通じ、事件の詳細を照会、釈放交渉を始めた。

翌三日、北朝鮮の朝鮮中央通信社が捕獲の事実を発表。朝鮮赤十字会は五日、死亡したのは司厨長（四十九歳）と甲板員（三十七歳）、負傷したのは別の甲板員二人（三十七歳と四十七歳）と明らかにし、日赤には「アメリカか南朝鮮のスパイ船と考え銃撃した」と回答した。

「松生丸」が釈放されたのは十一日。午後零時十分、負傷した二人を治療のために現地に残して出港した。これに先だって北朝鮮は死亡した二人の遺族に弔慰金を贈り、弔意を表明した。

「松生丸」は午後五時前、出迎えの水産庁の漁業監視船と会合。翌日からスピードアップのため自力航行から曳航に切り替え、その後、別の漁業監視船が曳航を引き継ぎ、さらに佐賀県が派遣した水産試験船が伴走に加わった。

釈放から三昼夜後の十四日午前六時二十六分、「松生丸」は船脚も重く、呼子港に帰ってきた。接岸した船体には弾痕が生々しく残り、仲間を失った乗組員らは上陸後も一様に口が重かった。「〝五人生還〟の喜びは、遺族のとめどない涙に押し流された。……（中略）岸壁は黒い喪服姿の人が並び……（中略）婦人の悲痛なおえつが高く低く尾を引いた」（読売新聞）。

第二十三浜吉丸拿捕事件

一年後の一九七六（昭和五十一）年九月二十七日の読売新聞は夕刊一面トップで「ソ・朝国境沖公海上で　福岡の漁船捕獲さる　7人乗り　警備艇は国籍不明」と報じた。

捕獲の事実は、福岡県の漁業会社から福岡海上保安部への届け出で明らかになった。

届け出によると、捕獲されたのはこの漁業会社のイカ釣り漁船「第二十三浜吉丸」（九二・二五トン）。九月二十五日夜、豆満江河口沖合のイカ釣り漁区「二七六―九」と呼ばれる海域で操業中だった。午後九時過ぎ、「今、警備艇の乗組員が乗り移ってきた」との無線連絡を最後に消息を絶った。近くでイカ釣り漁をしていた福岡市の別の会社の漁船がこの無線を傍受、二十六日朝になって福岡漁業無線局に知らせた。

やはり、「第二十三浜吉丸」の近くで操業していた福岡市の別の漁船は捕獲されて連行されるまでをレーダーで追跡していた。それによると、二十五日午後九時ごろ、「第二十三浜吉丸」に別の船が近づき、間もなく、その船に連行されるようにして北上を始めた。そのままレーダーで追跡を続けていたが、約三時間後の二十六日午前零時半ごろ、北東に消えた、という。

「公海で操業していたのになぜだ」「どこに連行された。乗組員は無事か」。会社も乗組員の留守家族も、その後の情報が全くない中で、不安と焦燥を募らせていった。

やっと消息が判明したのは、二十九日朝刊で、だった。読売新聞モスクワ支局が二十八日、「ナホトカの日本総領事館からモスクワの日本大使館に入った連絡」として、「第二十二浜吉丸」は「ソ連国境警備隊により、領海侵犯、不法操業のかどで捕獲され、ナホトカに連行されたことが明らかになった」と伝えたのである。

しかし、何よりも知りたい乗組員七人の安否についての記述はない。どうしたら知ることができるか。読売新聞福岡総局は、駐ナホトカ総領事館に国際電話を入れた。

思いの外、早くつながり、音声も明瞭だった。応対した総領事に乗組員七人の様子を尋ねた。総領事は「全員けがもなく、無事の様子だった。しかし、出航後一カ月以上たっており、全員にかなり疲れが目立つ」など、いくつかの質問に丁寧に答えてくれた。その内容を、十月四日夕刊社会面に「浜吉丸　濃霧で停船中捕獲　本社国際電話『全員に疲労目立つ』」と報じた。一面には、外務省から福岡市に入った連絡をもとに「全員無事」の記事も掲載した。

捕獲後二週間が過ぎた十月八日、福岡総局は再び、駐ナホトカ総領事館に国際電話。乗組員一人一人の心境と留守家族に伝えたいことを尋ねるとともに、事前に取材していた家族の思いを伝えるなどした。

それから、一カ月余。「第二十三浜吉丸」が釈放されたのは、十一月十七日になってからだった。ソ連側の言い分通り、日本円で罰金四万円を支払い、二日後の十九日午後七時五十分にナホトカを出港。それから六十九時間かけて約一一〇〇キロの海を突っ切り、十一月二十二日午後四時五十五分、母港・博多に戻ってきた。出港から八十九日ぶり、捕獲から五十八日ぶりだった。

「長かった不安と焦燥の三か月は、笑顔の中で終わった」「乗組員全員の無事帰国に大きな安堵感が、揺れる人がきの間を流れた」と、出迎えた岸壁の様子を読売新聞はそう伝えた。

海の事件・事故は、これだけにとどまらない。一九九二（平成四）年一月十二日には山口県下関で、瀬渡し船が転覆し九人が死亡した。他にも、台風など自然の猛威を避け切れなかったための沈没、漂流、座礁。多くの船が同一航路を行き交う中で起きる衝突など「海の悲劇」は後を絶たない。

炭鉱事故

筑豊と大牟田と。明治以降の日本の近代化を支えたのは、それぞれのエリアで産出される石炭だった。時代のうねりの中で、炭鉱は歴史を閉じてしまうが、その歴史は炭じん爆発、落盤、坑内火災など多くの「いのち」を犠牲にした災害の歴史でもあった。

遠賀川流域に広がる筑豊炭田は、東西が北部で約四キロ、南部で約二五キロ、南北は約五〇キロという広さだった（『福岡県百科事典』）とされる。ここで採炭していた主な石炭会社は三菱鉱業、三井鉱山、明治鉱業、麻生商店（炭鉱）、日鉄鉱業、古河鉱業、貝島炭礦、大正鉱業で、これに中小、零細を含め、相当数の企業が採炭していた。

一九三一（昭和六）年に満州事変が起きると石炭の需要は増し、石炭会社はこぞって増産体制に突入。日中戦争が長期化すると、さらなる増産が求められた。一九四一年に「石炭統制会」が設立され、業界は一本化されて国家統制となり、筑豊のヤマは従業員ぐるみ戦時体制に組み込まれた。直後の十二月八日、日本は太平洋戦争に突入する。相次ぐ徴兵で熟練労働者が不足したのに加え、食糧難に資材不足が重なって出炭は伸びなかった。

一九四五年八月、終戦。戦時経済体制は崩壊し、炭鉱も事実上その機能を停止した。翌年末から「傾斜生産方式」が採用され、一九四八年には全国で三四〇〇万トン（うち筑豊九三〇万トン）を出炭。労働者数も四十六万八千人（同十五万人）と史上最多になった。一九五一年には、朝鮮戦争を機に石炭価が高騰したこともあり、全国出炭量は四六五〇万トン（同一四四三万トン）に達した。

しかし、石炭会社の経営、労働者との雇用関係はともに旧態依然とした中身で、深刻な労使対立も生んだ。

石炭から石油へのエネルギー革命も進み、政府は、この石炭危機を打開するため、能率の悪い炭鉱は国が買い上げてスクラップにし、優良炭鉱は機械化などを進めて立て直す「スクラップ・アンド・ビルド」政策を打ち出した。これにより、筑豊では一九五九年までに七十四鉱が閉山、その後も閉山は加速した。

こうした状況に大きな衝撃を与えたのが、一九六五（昭和四十）年六月一日に起きた山野鉱（福岡県稲築町鴨生＝現・嘉麻市、従業員一二〇〇人）のガス爆発だった。二三七人が死亡するという、炭鉱災害事故としては一九六三（昭和三十八）年十一月の三井三池（大牟田市）の炭じん爆発（死者四五八人）に次ぐ戦後二番目の大惨事だった。

現地の飯塚通信部（現・筑豊支局）記者から事故の第一報が社会部に入ったのは、夕刊を締め切った直後。ガス爆発が起きたのは午後零時四十分ごろ。「本坑坑口から約一五〇〇メートルの採炭現場でガス爆発事故が発生（中略）当時四一〇人が入坑していたが、午後三時までに、うち約一二〇人が坑外に脱出、残る約二九〇人が坑内に閉じこめられ、このうち一三〇人と連絡が取れない」という内容だった。

坑内に取り残された肉親の安否を気遣い、
坑口に詰め掛けた家族ら

直ちに改造版をとり一面に五段で入れた。午後六時すぎ、山野鉱の総務課内に現地取材本部を設け、福岡総局員も含め十二人が集結した。翌二日朝、報道部次長がデスクとして乗り込んできた。

事故直後から取材合戦が始まった。読売新聞は、他社の人海戦術の網の中で苦闘を強いられながらも二つの大スクープを放った。一つは、視察に訪れた三木武夫通産相の現地座談会、もう一つは「ガス突出から爆発までの十五分間の空白」を証言する保安要員の手記である。この手記は、その後の原因捜査の決め手となる重要な証言だった。

救出作業でごった返す現場には、眠る場所もなければ、時間もない。遺体の上がる坑口や安置所の冷たい廊下で夜を明かし、昼間は社宅と災害対策本部を駆けずり回る不眠不休の取材だった。

三木通産相が現地入りしたのは六月五日午後。翌六日朝刊に大臣を囲む座談会を企画することになった。出席者に会社、労組代表、遺族、脱出した入坑者を予定し、朝から手分けして準備に駆け回った。肝心の大臣には、東京政治部から随行の政府高官を通じて協力を頼んだが、スケジュールが詰まっているので現地で交渉してほしいという。

大臣の現地滞在時間は三時間足らず。どうやって座談会の席に連れ出すか。大臣の誘導係には報道部の、押しの強さと粘りが持ち味の記者が選ばれた。政府の現地対策本部から随行員の腕章を手に入れてチャンスをうかがい、本部長の古屋亨氏（総理府総務副長官、のち衆院議員）に「このスケジュールでは大臣もお疲れだろうから、途中で休憩をとったらどうか」と持ちかけた。

古屋氏もこの提案に乗ってきて、負傷者を収容している山野病院の院長室で十五分間休憩してもらうことになった。時間を決め、座談会の出席者を院長室に集める手はずを整えた。視察はすべて公開だったから、大臣の周りには他社の記者やカメラマンが群がっている。幸運なことに、選ばれたこの記者は入社間もなくで、他社に顔を知られていなかった。随行員の腕章を付けて大臣の横にへばりついているので、ボディーガードと勘違いされていた。

病院に着くと、記者は大臣に「十五分間休憩です」と声をかけて院長室に案内、ドアをぴしゃりと閉めて他社の取材陣を遮断した。大臣も、出迎えた院長も、室内に待機していた読売の記者や座談会のメンバーたちに一瞬、狐につままれたような表情だったが、そのまま席に着き、座談会は成功した。石炭問題の最高責任者と被災者との、しかも、事故のなまなましい時期の現地座談会記事だから、紙面には迫力があった。

もう一つのスクープも、この座談会から生まれた。

福岡県警担当記者が座談会後、出席した負傷者の一人で、下請け会社の坑内保安係から脱出の模様を取材したとき、「ガス噴出から爆発までの十五分間、地上の変電所に緊急電話が通じなかった」という話を聞いた。翌日、報道部から応援に来ていた記者に話すと、その記者は顔色を変え、「もし本当なら事故原因につながる重大なことだ。ぜひ手記をとれ」。

緊急電話が通じなかった変電所の電気係（電源スイッチを管理する係）を調べると、少し離れた便所に行ったあと他の職場で雑談し、問題の時間帯は無人状態になっていたことも取材で分かった。

便所に中座するのは仕方がないとしても、こんな重要なポストを無人状態にする勤務態勢に、保安上の手抜かりはなかったか――坑内保安係の手記は、関係者の裏付け証言とともに、その日組みの朝刊早版から東京、大阪、西部の社会面に掲載された。

福岡県警担当記者によると、「再取材で話を聞き直すと、ガスの突出現場や爆発時間など、警察の検証とぴったり一致した。ところが、手記にまとめる段階になって、『警察にもしゃべっていない。自分が話したことが分かったらクビになる』と本人が渋りだした。『あなたは歴史の証人だ。あなたが口をつぐむと、歴史に残る悲劇がやみに葬られる。犠牲になった二三七人のためにも、証言する義務がある。新聞の責任において、あなたの立場は守る』。そんなことを言いながら、やっと手記に署名をもらった」という。これによって、警察の捜査は急進展した。

この大惨事から十二年後、一九七六年八月、筑豊の炭鉱はすべて閉山し、その歴史を閉じた。

一方、「ビルド」鉱として生き残ったのが三池炭鉱だった。その炭層は大牟田市東部から始まり、西の有明海の海底深くに続いていた。主要な坑口は熊本県荒尾市などにもまたがり、大浦、七浦、宮浦、勝立、宮原、万田、四山、四山港沖、三川、三池（旧有明）の十坑。それぞれが最盛時には三池炭鉱の看板を背負った主力鉱だった。

しかし、一九五九年から一九六〇年にかけて「総資本対総労働」の闘いといわれた三池争議、一九六三年には戦後最大の三池三川鉱の炭じん爆発事故（死者四五八人、ＣＯ中毒患者八三九人）が起きた。

そして、一九六七年九月二十八日に三川鉱で坑内火災が発生し七人が死亡。一九八一年六月十一日に同じ三川鉱で落盤事故が起き、六人が亡くなった。一九八四年一月十八日には有明鉱の坑内火災で八十三人が犠牲になった。加えて為替レートや採掘条件、人件費コストなどから、ビルド鉱の三池炭鉱も輸入炭との競争に太刀打ちできなくなっていった。

そして、二〇〇一年度を最後に、電力会社による国内炭の引き取りなど保護的な政策が打ち切られることになり、その政策決定を受けて、戦前、戦後を通じて石炭産業のシンボルだった三池炭鉱は一九九七（平成九）年三月三十日に閉山した。官営操業から一二四年、民営化後一〇八年で、その歴史に幕を下ろした。

読売新聞西部本社は翌三十一日朝刊一面トップで「三池鉱が閉山　国内石炭産業　象徴消える　1207人第二の人生へ」と報じ、社会面も見開いて、「最後の日万感交錯　『記念の石炭』膨らむ作業袋」、「三池の誇り…再出発　三池労組　ヤマ消えても団結」と受けた。

当時、産炭地域振興審議会委員などを務めた矢田俊文・九州大学経済学部教授の談話が「三池」を的確に語っている。

「戦後の日本の石炭産業は、国策というより国際情勢に振り回された。エネルギー革命によって経済性を喪失した六〇年代、石油危機による一時『見直し』があった七〇年代、一九八五年のプラザ合意以降は円高が進み、輸入炭との価格競争に敗北した。三池は日本で最も恵まれた炭鉱。炭層が厚く、傾斜は緩やか、ボタは少なく、高エネルギーを得ることができる。近代的設備と機械の装備は世界第一級だ。この閉山は日本の石炭産業が最終撤退を迎えたことを物

戦後の九州・山口県内の主な炭鉱事故

西暦（和暦）	日付	県名	炭鉱名	事故の種類	死者数
1948（昭和23）	6月18日	福岡県	三菱勝田鉱	炭じん爆発	62
1949（昭和24）	10月30日	山口県	若沖炭鉱	坑道水没	32
1950（昭和25）	12月7日	長崎県	日鉄鹿町鉱	ガス爆発	21
1954（昭和29）	2月20日	熊本県	久恒志岐炭鉱	坑道水没	36
1958（昭和33）	5月7日	長崎県	江口炭鉱	坑道水没	29
同年	6月9日	福岡県	三菱勝田鉱山	炭じん爆発	62
1959（昭和34）	12月21日	同	三菱新入鉱	ガス爆発	22
1960（昭和35）	9月20日	同	豊州炭鉱	坑道水没	67
1961（昭和36）	3月9日	同	上清炭鉱	坑内火災	71
同年	3月16日	同	大辻炭鉱	同	26
1963（昭和38）	11月9日	同	三井三池鉱	炭じん爆発	458
1965（昭和40）	4月9日	長崎県	日鉄伊王島鉱	同	30
同年	6月1日	福岡県	山野鉱	ガス爆発	237
1969（昭和44）	9月22日	同	古河下山田鉱	ガス爆発	14
1981（昭和56）	6月11日	同	三井三池三川鉱	坑内落盤	6
1984（昭和59）	1月18日	同	三井三池有明鉱	坑内火災	83

※最大の炭鉱事故は1941（大正3）年12月25日に福岡県田川郡三菱方城炭鉱で起きた炭じん爆発で、687人が死亡した

語っている」

三池炭鉱・宮原坑跡と万田坑は一九九八年に国の重要文化財、二〇〇〇年に国の史跡に指定され、宮浦坑跡の煙突と旧三川電鉄変電所は国の登録有形文化財に登録された。二〇一五年七月五日には、国連教育・科学・文化機関（ユネスコ）の世界遺産委員会が、日本の近代化の原動力となった三池炭鉱・三池港など九州・山口を中心にした八県の二十三資産で構成する「明治日本の産業革命遺産」の世界文化遺産への登録を決定した。国内の世界文化遺産は十五件目、自然遺産を含む世界遺産としては十九件目だった。

沖縄・安保　抑圧する力との闘い

沖縄と米軍基地

一九七二（昭和四十七）年五月十五日午前零時、沖縄が日本に復帰した。

読売新聞は朝刊一面トップで「沖縄、祖国に帰る　辛酸27年、新しい門出　『平和な県』へきびしい前途」の見出しを掲げ、この歴史的な日を伝えた。前文は「十五日午前零時、沖縄は日本に帰った」と書き出され、「沖縄の同胞は二十七年におよぶ辛酸の異民族統治から脱し、この日から新生沖縄県がスタートした。それは国民の念願であり戦後史を画する祖国復帰であると共に、基地、生活など深刻な不安をはらんだ返還でもある。（中略）沖縄県民九十四万人の行く手はきびしいものがある」と冷静に事態を見つめている。

琉球政府の行政主席から初代沖縄県知事となった屋良《やら》朝苗《ちょうびょう》氏は午前一時、新沖縄県庁第一庁舎三階の知事室で、沖縄県議会の招集と提出条例などの案件文書に初めて知事公印を押し、新生沖縄県がスタートした。午前六時十五分から初の県議会が開かれ、午前九時からは円・ドル交換が行われた。

しかし、嘉手納など米軍基地ではファントム戦闘爆撃機が爆音を響かせるなど、「きのう」と何も変わらない基地・沖縄の姿があった。

屋良知事は、復帰に際し談話を発表した。「戦後沖縄のきびしかった日々を思い起こすとき、ひとしおの感慨を覚える。復帰は沖縄県民の努力によるが、同時に、これに呼応した本土の皆さんのご支援、政府の協力のたまものであり、心から敬意を表し、深く感謝する。しかし、復帰の実態をみるとき、軍事基地の態様はじめ多くの問題が未解決のまま残されており、県民の立場からすると、決して満足できるものではないことも残念ながら

復帰記念式典で参列者と万歳をされる両陛下（日本武道館）

事実だ。沖縄問題は復帰で解決したのではなく、むしろ、完全な解決へ大きく踏み出したところというのが実感である（以下略）」。

復帰の感慨をかみしめながらも、談話はいばらの道に第一歩を踏み出したという厳しい現実認識に貫かれていた。この日の読売新聞夕刊「よみうり寸評」も、屋良知事の談話に重なるように、「基地撤去、本土との格差是正――沖縄人の苦しい戦いと努力は、終わったのではなく、きょうから始まる」と書いている。

午前十時半から、東京と那覇で、同時に政府主催の沖縄復帰記念式典。東京会場の日本武道館では、天皇、皇后両陛下をお迎えして開かれ、佐藤栄作首相は「沖縄は本日、祖国に復帰いたしました。まず、このことを過ぐる大戦で尊い犠牲となられた幾百万の御霊《みたま》にご報告したい」と式辞を述べた。

天皇陛下は「本日、多年の願望であった沖縄の復帰が実現したことは、まことに喜びにたえません。このことは、沖縄県民をはじめ、わが国民のたゆまぬ努力と日米両国の友好関係に基づくものであり、深く多とするところであります。この機会に、さきの戦争中および戦後を通じ、沖縄県民のうけた大きな犠牲をいたみ、長い間の労苦を心からねぎらうとともに、今後全国民がさらに協力して、平和で豊かな沖縄県の建設と発展のために力を尽くすよう切に希望します」とのおことばを述べられた。

「アメリカ世《ゆ》」から「大和世《やまとゆ》」に代わった十五日夜、米兵八人が酔って暴れたり、盗みをしたりして沖縄県警に逮捕された（五月十六日夕刊）。八人のうち、犯行を認め比較的軽い罪の四人を米軍側に引き渡し、残る四人は身柄を拘束した。これが沖縄県警の米兵逮捕の第一号となった。

火炎瓶投げる過激派を激写

屋良知事は復帰直後の一九七二年六月二十五日に行われた沖縄県知事選に当選するが、政府の施策と県民感情のはざまで苦悩することが多く、「いばらの道、針の山を行く思い」（知事退任時の述懐）で、眉間に寄せたシワが屋良知事のトレードマークになっていく。

復帰を記念した沖縄特別国体（若夏国体）が一九七三年五月三日から四日間、那覇市など九市一町で開かれた。沖縄で全国規模のスポーツ大会が開かれたのは、これが初めてだったが、通常の国体と異なり、各都道府県に種目と人数を割り振って行われたミニ国体だった。沖縄での本格的な国体（夏季、秋季）は一九八七年の第四十二回海邦国体だった。

一九七五年七月十九日から翌一九七六年一月十八日まで一八三日間、本部《もとぶ》町で行われた沖縄国際海洋博覧会（海洋博）も本土復帰を記念したものだった。「海、その望ましい未来」を統一テーマに、日本を含む三十六カ国と三つの国際機関が参加。一〇〇万平方メートル（陸域七五万平方メートル、海域二五万平方メートル）の会場に、さまざまな施設・パビリオンが立ち並んだ。

うち最大の目玉とされたのが、未来型海洋都市のモデルとしての「アクアポリス」だった。しかし、その内部にアミューズメント的な仕掛けもなく、拍子抜けした訪問客も少なくなかったといわれた。「海洋生物園」は後に建て替えられ、「沖縄美《ちゅ》ら海水族館」となって、今も人気を集めている。

海洋博が開幕する直前の七月十七日、皇太子ご夫妻が皇室ご一家として初めて沖縄を訪問、糸満市の「ひめゆりの塔」を参拝された。

「皇太子ご夫妻の訪問に反対する空気が一部にあったことは事実である。取材班も過激派の動向には警戒し対応策は考えていたが、沖縄の〝聖地〟ひめゆりの塔、それも壕《ごう》から火炎びんが噴き出すとは、思いもしなかった」

海洋博の前線デスクが、その時を振り返っている（一九七五年八月十日付読売新聞西部本社社報）。

「『ただいま皇太子到着、予定どおり参拝……（中略）爆発音がした』。

現場の本社無線カーから流れる記者の声は悲鳴に近かった。予定稿は一瞬にして吹き飛び、現地、県警の再取材が始まった」

そのとき、入社間もない那覇支局カメラマンは壕をへだてて、献花台を真正面に見る位置にいた。距離は約一五メートル。カメラを構え、ファインダー越しにシャッターチャンスをうかがっていた。

皇太子ご夫妻に火炎瓶を投げる過激派

「塔の前に進まれた皇太子ご夫妻は花束をささげ（中略）源ゆき子さんの説明を聞かれていた。美智子妃の白い帽子が印象的。お二人とも心持ち上体をかがめられ、お顔を寄せ合うようにして。

いまだ！　シャッターを切ろうとした瞬間、ファインダーの中に、せり上がるようにしてヘルメットが入ってきた。護衛の警官だろうか？　それにしてもじゃまなヤツとファインダーから目を離そうとしたとたん、そいつの右手が高々と上がり、何やらびんのようなもの。過激派だ！　思わずシャッターを切った。その直後、真っ赤な炎が上がり、一帯は黒煙に包まれた。ただ、我を忘れてシャッターを切り続けた」

翌十八日、この写真を撮った那覇支局カメラマンに編集局長賞が贈られ、「プレスセンター前線本部の総勢（東京、大阪、西部三本社の混成部隊）二十六人の、全員がカメラマンの局長賞受賞を喜んだ」と記している。

この写真はどうして生まれたか。海洋博の前線デスクの報告を読もう。「その前日、まず東京派遣の写真部員を加えた取材配置会議を開いた。写真六人、デスク兼暗室要員一人は必要で、南部戦跡参拝カバーはどうしてもできない。そこに、六月上旬から写真企画で本部に乗り込んでいた東京写真部・潜水班のカメラマン三人が、取材を終え、東京へ帰るつもりで支局へ立ち寄った。支局―西部―東京の電話連絡で、急ぎ応援が決まり、那覇支局カメラマンは、遊軍として、正規の取材位置以外の写真を狙うことができた」。つまりはチームワークの結果だとデスクは強調しているが、この写真はアングル、シャッターチャンスとも見事だった。

もう一つ、写真部のヒットがあった。それは、ひめゆりの塔近くのホテルに移動暗室を構えたことだった。移動暗室は、テント式の暗室だが、そこではフィルムの現像や印画紙への焼き付けもできる。カメラマンが撮影済みのフィルムをここに持ち込み、待ち受けていた写真部員が受け取って現像した。

当時、写真を送信する際は、送信先が西部本社だけのときも、西部、東京、大阪の三本社のときも、焼き付けた写真をきっちりとドラムに巻き付け、写真に光を当てながらドラムを回転させる方法で行っていた。大事件であれば、キャビネ判サイズに焼き付けて送信するのが一般的だったが、あえて小さく焼き付け、複数枚の写真を同時にドラムに巻き付けて送信した。異なった絵柄を、できるだけ短時間に送信するためだった。これが功を奏し、夕刊にこの決定的な写真が載ったのは読売新聞だけだった。

一九九〇年十一月十八日に行われた沖縄県知事選で、社会、共産、社民連、沖縄社会大衆推薦、公明支持で新人の琉球大学名誉教授・大田昌秀氏が、自民、民社推薦で四選を目指した現職・西銘《にしめ》順治氏を三万票余という予想外の大差で破り初当選。十二年ぶりに革新県政を取り戻した。

読売新聞は翌十九日夕刊一面で、那覇、沖縄、宜野湾といった県内主要都市の市長に続いて、知事を革新陣営が押さえたことによって「二年後に軍用地の契約更新を控えた米軍基地問題……（中略）などの行方に影響を与えそうだ」と記述し、二面の解説も「革新県政が誕生したことは、今後の国政面にも少なからぬ影響を与えることになりそうだ」と書いた。

その「少なからぬ影響」は終戦から五十年、糸満市・摩文仁に戦没者ら二十三万四一八三人の名前を刻んだ「平和の礎《いしじ》」が除幕された六月二十三日から三カ月足らず後、米兵三人による小学生女児暴行事件で現実のものとなる。

女児暴行事件で反米感情爆発

事件は一九九五（平成七）年九月四日夜に起きた。買い物帰りの小学生女児が米海兵隊員三人に、粘着テープなどで目、口をふさがれ、手足を縛られて車で約一・五キロ離れた海岸に連

米兵の女児暴行事件を糾弾する
沖縄県民総決起大会

れ去られ、車内で乱暴された。

　この非道、悲惨な事件で、沖縄県内では米軍に対する不満が一気に爆発。日米安保条約に伴う日米地位協定によって身柄の即時引き渡しがないことから県民の怒りはいっそう高まり、沖縄県議会をはじめ、全市町村議会が抗議決議を議決、本土でも米軍への抗議が相次いだ。大田知事は上京、モンデール米駐日大使、野坂浩賢官房長官に会って、容疑者の日本側への引き渡しができるよう日米地位協定の一部見直しなどを要請した。

米紙ワシントン・ポスト、CNNテレビもこの事件を大きく取り上げ、ウォーレン・クリストファー米国務長官が公式に日本政府に謝罪し、クリントン大統領も遺憾の意を表明した。那覇地検は九月二十九日、米海兵隊員三人を婦女暴行、逮捕監禁などの罪で那覇地裁に起訴した。三人の身柄は日本側に引き渡され、那覇拘置支所に拘置された。

米兵による小学生女児暴行事件で高まる県民の反米感情、日米地位協定の見直しに対する日米両国政府の消極的な対応が、大田知事の、いわゆる「代理署名拒否」問題を生む。

当時の那覇防衛施設局（那覇市）によると、米軍用地は約二万四五〇〇ヘクタール。地主は約二万八千人。このうち那覇防衛施設局との契約を拒否した地主は二九三七人。その土地は、一九九七年五月と一九九六年三月に契約が期限切れとなる嘉手納、普天間の両米軍飛行場など十市町村の約三七ヘクタール。うち地主三十五人分、約三・五ヘクタールがある那覇市、沖縄市、読谷《よみたん》村の三自治体の首長が署名を拒否したことから、那覇防衛施設局が知事の代理署名を求めた。

駐留軍用地特別措置法では、地権者が賃貸契約を拒否した場合は市町村長、市町村長が拒否した場合は知事が代理署名をすることになっている。知事の代理署名をもとに、土地は軍用地として強制使用されるが、大田知事は一九九五年九月二十八日の県議会で「強制使用を認める代理署名はできない旨、国に通知する」と述べ、署名拒否の姿勢を明らかにした。知事の拒否は初めてだった。

続く事故、募る不安

二〇〇四年八月十三日午後二時十五分ごろ、米軍普天間飛行場の南約三〇〇メートルの宜野湾市宜野湾の沖縄国際大一号館三階屋上のひさし部分に、米海兵隊カネオへ基地（ハワイ・オアフ島）所属の大型ヘリコプターが接触、敷地内に墜落、炎上する事故が起きた。

移設をめぐり揺れ続ける米軍普天間飛行場

この事故で、市民への被害は部品落下などに伴う建物被害十七カ所、車両被害三十二台、大学構内の光ケーブルの切断一カ所に及んだ。沖縄県警は、合同での現場検証を米軍に求めていたが、米軍は「日米地位協定に基づき要請には応じられない」と拒否。市民の間からは「基地があるから事故が起きる。一刻も早く移転してほしい」との怒りの声が噴き出した。

二〇一三年八月五日には、宜野座村の米軍キャンプ・ハンセン内の訓練場に嘉手納基地所属の救難ヘリコプターが墜落、炎上する事故も起きた。沖縄県内の米軍機墜落事故は復帰以降、これで四十五件目。この墜落、炎上事故で、新型輸送機MV22オスプレイ十二機の普天間飛行場への配備は延期されたが、沖縄が「基地の島」であることを改めて印象づけた事故だった。

佐世保・エンプラ騒動

米原子力空母寄港

一九六八（昭和四十三）年一月十九日、ベトナム戦争に従事する米原子力空母「エンタープライズ」（七万五七〇〇トン、乗組員五二五〇人）が、原子力フリゲート艦二隻を随伴して佐世保港（長崎県佐世保市）に寄港した。「ベトナム反戦」を掲げる革新勢力は全国的な寄港反対闘争を展開。特に先鋭化した反日共系三派全学連、革マル全学連は実力阻止を叫んで佐世保に集結、警備の警官隊と四度にわたって〝市街戦〟を繰り返し、重軽傷者は五五五人（学生一七四、警官三四四、市民十四、労組員十六、報道関係七）に上った。四日後の二十三日に出港、ベトナムへ向かったが、この日、北朝鮮・元山沖で米海軍の情報収集艦「プエブロ」が北朝鮮警備艇に捕獲されたため日本海に反転、世界の注視を浴びた。

「エンタープライズ」の佐世保寄港は、米国が一九六七年九月に申し入れ、同十一月に政府が承認した。これを機に、野党・革新勢力の反対運動は一気に燃え上がった。政府はデモの自粛を要請し、社会・共産両党も三派全学連を運動から締め出したが、これが同全学連の暴走に油を注いだ。三派（ブント・中核・社青同解放＝反帝学評）は先陣、主導権を競い、一月十五日、佐世保へ向かう中核派二五〇人が法政大学を出発後、警官隊と衝突し、一三一人が逮捕された。しかし、東京、関西などから学生が続々と九州入りして九州大教養部（福岡市・六本松）を拠点化。これに対し警察庁は各県警の機動隊五八〇〇人を佐世保市内に集結させた。

十七日朝、急行列車で佐世保駅に着いた三派の学生は駅構内から線路沿いに米軍基地突入を図り、基地手前の平瀬橋で警官隊と衝突した。学生は角材をふるい、警官隊は警棒で応戦。石つぶてが飛び、放水やガス弾がさく裂した。この流血乱闘で双方合わせて八十五人が負傷し、二十七人が逮捕された。取材の記者やカメラマンも負傷者が相次いだ。

学生らはいったん九州大学に戻り、翌十八日、千余人で再び佐世保に入り、基地入り口の佐世保橋で二度目の市街戦を展開した。さらに、「エンタープライズ」が入港した十九日朝、佐世保橋で三度目の衝突が起き、重軽傷五十五人、逮捕者八人を出した。

寄港三日目の二十一日、市内松浦公園で社・共系の「五万人抗議集会」が開かれ、デモ行進の途中、佐世保橋で全学連六五〇人に一部の市民、労組員が加わって、四度目の市街戦が起きた。中核派が奇襲戦術で混乱に乗じて佐世保川を渡り始め、対岸の米軍基地のフェンスに迫った。このうち基地に侵入した二人が逮捕され、二人が柵の上で中核派の旗を振りながら「突入成功」と叫んで引き揚げた。この衝突を最後に全学連は全員佐世保を後にした。

エンプラ佐世保入港。機動隊に追われる学生たち

社説「流血を避けよ」

この事件は、反戦運動のあり方、警備当局の対応などさまざまな問題を投げかけた。特に大学の占拠と学生運動の過激化は大きな社会問題となっていく。

読売新聞は十七日付の社説で「佐世保の流血を避けよ」と題して、ベトナム戦争反対の声に一定の理解を示しつつ、「流血の惨事だけは絶対に起こしてはならない。そのような行動は自ら大学の自治を傷つけ、学生運動の自由を制限する結果を招くだけである」と全学連の学生らに警告した。

その後も東京本社と西部本社は連携を取りながら「エンタープライズ」の接近で緊迫する街や市民、乗組員の洋上の様子、九大と佐世保を往復してデモや激突を繰り返す学生の表情などを連日ルポ。出港まで四回に及んだ警官隊との激しい市街戦も最前線に位置して報告した。

九州大学では、佐世保闘争で九大教養部が全学連の拠点となったことで教養部長と学生部長が管理、学生補導の責任を取り、辞表を出した。

米軍機墜落と九大紛争

大型計算機センターに墜落

エンプラ騒動から五カ月足らずの一九六八（昭和四十三）年六月二日午後十時四十五分ごろ、福岡市箱崎の九州大学工学部に建設中の大型計算機センター（六階建て）に、米軍板付基地のジェット戦闘機Ｆ４Ｃファントム２型機が墜落、四～六階が炎上した。乗員二人はパラシュートで脱出して無事。作業員も学校関係者もいなかったため、死傷者はなかった。

九大は基地の北側約三キロの滑走路延長線上に位置しているため、発着する飛行機のジェット騒音がひどく、墜落事故の発生が懸念されていた。米軍機事故は、くすぶっていた学生、市民の基地反対運動を一挙に燃え上がらせ、福岡市は三日、米軍板付基地司令に「一線機の使用停止」を申し入れ、同市議会も「基地撤去」を決議した。さらに、墜落直後に板付基地から武装した米兵が大学構内に入って現場を規制したことに反発した学生らは同日、福岡市内をデモ行進、一般市民も加わってデモ隊は二万人に膨れあがった。

翌四日も学生や教職員は水野高明学長を先頭に五千人でデモ行進した。学生デモ隊の一部は先鋭化して、七日には板付基地ゲート前で警官隊と衝突、双方合わせて百人を超す負傷者を出し、学生八人が逮捕された。

市街地と近接する米軍基地の危険性については政府も否定できず、米軍の了承を得て板付基地を航空自衛隊築城《ついき》基地（福岡県築上町）へ移転する方針を決めたが、地元の強硬な反対で結論が出ないまま越年する。

一方、墜落機については六月八日、軍事機密の漏えいを恐れる米軍側が「大学上空を避けて飛ぶ」などの条件を提示して早期引き渡しを求めたが、大学側は「不安解消にはならない」と反発、米軍は交渉を打ち切り、事態は行き詰まった。

謎の一団が引き降ろす

そうした中で九大内部では工学部を中心に「計算機センターの工事を再開しなければ研究活動に支障が生じる」と早期再開を求める意見が強まった。大学当局も米軍への引き渡し問題とは切り離して自主的に機体を引き降ろす方針を決定し、同月末から作業にかかったが、宙づり機体を反戦のシンボルにすることを狙った反代々木系学生が現場にバリケードを築いて、機体撤去を実力で阻止。八月二十四日には、約二千人の学生、教官団のピケに反代々木系学生が角材をふるって突っ込み、二十人以上が負傷する流血事件となった。

この事件で一般学生の反発が強まり、反対派の一部は引き降ろし阻止を撤回するが、学内の意思統一はできず、十二月二十四日〜二十七日には革マルと反帝学評が四日間にわたり、本学中門をはさんで投石、竹ザオや角材、パイプで乱闘。三十人が負傷（学生一人失明）する「内ゲバ」事件も発生。作業開始はメドがつかないまま翌年に持ち越した。

ところが、一九六九年一月五日午前一時四十分ごろ、突然ヘルメットとタオルで覆面をした四十二人の謎の一団がブルドーザーをトレーラーで運び込んだ。そして反対派学生が立てこもるバリケードの外から、機体が宙づりになっている鉄塔にワイヤロープをかけて一気に地上に引き倒し、立ち去った。

わずか十五分間の出来事だった。大学関係者に依頼された福岡市内のトビ土建業者が行ったことが後日、明らかになったが、だれが業者に引き降ろし作業を依頼したのか、大学当局のかかわりなど背後関係は不明のまま推移する。

この引き降ろし事件直後、水野高明学長は辞任を表明。このあと、九大執行部はめまぐるしくトップが交代し、学生団体との「団体交渉」に翻弄されていく。三月十一日に学長事務取扱に選出された井上正治法学部長の発令を、文部省がテレビ討論会での発言（「私の敵は警察だ」など）を理由に保留。九大は井上氏名による卒業証書一九二二人分を刷り上げていたが、二十七日の卒業式を中止せざるを得なかった。

九大大型計算機センターに宙づりとなった米軍戦闘機の残骸

学生がバリケード封鎖

さらにこの年、学生運動の最大テーマの一つになっていた大学法案（大学の運営に関する臨時措置法案）に反対して九大医学部学生自治会が五月十四日、無期限ストライキに入ったのを皮切りにほとんどの学部がストに入った。反代々木系学生は文、教育、経済、法、工、医学部と教養部の各本部や大学本部、中央図書館などをつぎつぎにバリケード封鎖した（大学法は八月に強行採決され、同月十六日施行される。この時点で紛争の大学は全国で六十六校にのぼっていた）。

一方、授業再開を求める学生の動きも活発となり、代々木系による自主的な封鎖解除、反代々木系の再封鎖など混乱は収拾がつかない状態だった。この時、「機動隊導入」を提案したのが大学事務局だった。九大は発端となった計算機センターの再建工事の見通しが立たず、計算機購入契約を破棄するかどうかの瀬戸際に立たされていたのである。

九月二十七日、臨時評議会議長に選出された入江英雄・医学部長事務取扱は十月九日の部局長会議で「問題解決の端緒をつかむため、（機動隊）導入やむなし」と議長提案。評議会も十一日、これを承認し、十四日朝、福岡県警は各県警の応援を得て約四四〇〇人の機動隊を動員し、次々に封鎖を解除していった。

機動隊が封鎖解除

反代々木系学生が完全占拠していた福岡市・六本松の教養部本館の解除作戦では、警察のヘリコプターが「今からでも遅くない。抵抗をやめて指示に従え」と投降を呼びかけるビラ三千枚をまいた。二・二六事件の際、戒厳令司令部が出した警告文にならい、当時の県警本部長が書いたものと言われる。

大学本部構内では、大型計算機センターに墜落した米軍機の撤収作業が三十人の作業員により黙々と行われた。クレーン車を使い、さびついた地上の機体や五階に墜落時のまま残骸をさらしていたエンジン部分などを次々にダンプカー二台に積み込み、二時間半後に学外に搬出した。紛争の発火点となった機体は、一年四カ月ぶりにスクラップとなって板付基地に戻った。

九大紛争はこのあと沈静化する。事件から九年後の一九七七年一月四日付から五月一日付まで、読売新聞は「証言　今こそ明かそう　九大紛争」のタイトルで一〇一回にわたる検証記事を連載した。引き降ろし事件の謎を追究することから、九大紛争の全容を関係者の再取材で明らかにしていったもので、新聞調査報道の新たな手法としても先駆例となった。

この取材の中で、引き降ろし事件の依頼人が「九大工学部の助教授」「九大首脳はこの作戦を知っていた」ということが明らかになった。九年後のスクープと評価できるだろう。

行政　おごりと迷走

福岡県知事のポスト

剛腕・亀井知事の失速

戦後の一時期、福岡県でも知事の座を保革両勢力が奪い合い、革新県政となった時代もあった。だが、一九六七（昭和四十二）年四月、元労働事務次官、前参議院議員の亀井光氏（北九州市出身）が保守・中道統一候補として出馬し、初当選。官僚出身で中央とのパイプを持ち、強い個性とパワーを発揮して連続四期当選を果たして県政に君臨した。

五選目を前にした一九八二年、「知事公舎が豪華すぎる」「ハワイ州との姉妹縁組に多額の県費が浪費された」と他紙が口火を切って大批判キャンペーンを展開。かねて自民党県連内部には「亀井氏は長すぎる」など強い多選批判があり、翌年春の知事選に向けて自民党本部も巻き込んだ紛争となった。「あと一期限り」の条件でどうにか折り合いがつき、一本化が成立。七十四歳の亀井氏は自信満々、七月二十四日に五選出馬を表明した。一方、県政転換の絶好のチャンスとみた革新陣営はクリーンなイメージの奥田八二・九州大名誉教授を対抗馬（社共統一候補）に担ぎ出した。

一九八三年三月十六日、知事選告示。亀井、奥田両氏はがっぷり四つに組んだ。読売新聞の世論調査では、序盤は互角、終盤は亀井氏やや有利。そして四月十日の選挙の結果は、奥田氏が一二二万一六二二票、亀井氏が一一七万一五一〇票と、五万票差で奥田氏の当選が決まった。

支持者らと当選を喜ぶ奥田氏(中央)

保守地盤の福岡で十六年間も県政を担った現職知事が落選するとは、だれも予測しなかった。

当時開票は、即日開票と翌日開票に分かれていたが、読売新聞西部本社は即日開票分（五四パーセント）の分析から奥田氏に「確」（当選確実）を打った。他の新聞が当落の判定を翌日に持ち越した中で、この「確」打ちは際立った。

お布施でつまずいた奥田知事

革新陣営が歓喜に沸いてから八日後の四月十九日の読売新聞夕刊は一面で「奥田派参謀、買収で逮捕」と報じた。奥田新知事の有力運動員だった大学講師が、選挙運動期間中の三月下旬、福岡市内の寺院約二十カ所を訪れ、投票への協力を依頼したあと、お布施名目で五千円入りの封筒を置いて帰った――という公選法違反（買収）容疑事件の強制捜査に福岡県警が踏み切ったのである。

大学講師は、奥田陣営の幹事長役として精力的に動き回っていた。奥田氏やその側近と人事構想などについて協議、県の部課長クラスと接触して協力を働きかけるなど、組閣参謀の役割も果たしていた重要人物だった。

翌二十日夕刊一面トップに「奥田夫人も〈お布施〉配る」のニュースが載った。奥田氏の親族が同氏の出身地・兵庫で寺の門徒代表をしていることから、今回の知事選で推薦を受け、県内の同派系の寺院を有力運動員数人が手分けして回った。夫人はそれに同行し、「奥田の家内です」と自己紹介したあと、本堂でお参りし、「お布施」や「御仏前」として五千円を供えていたことが住職らの証言から明らかになったのである。

県警は奥田氏の支持母体「清潔な県民本位の県政をつくる会」（略称・県民の会）による組織的犯行の疑いを強め、奥田氏の親族、支持団体の幹部を次々に取り調べ、四月二十九日、夫人を公選法違反（買収、法定外文書配布、戸別訪問）容疑で逮捕した。

二十三日に初登庁したばかりの奥田新知事は、スタートと同時に大きな打撃を受けた。当選直後は、ストに参加して処分を受けた教職員らの給与実損（約四百億円）について救済の意向を示すなど、革新色を打ち出し、県政改革に極めて強気だったが、一連の買収容疑事件が明るみに出た後は一転して、その姿勢は慎重になった。

結局、この事件は「県民の会」の組織的決定に基づく選挙違反ではなく、下部組織からの指示、と県警は最終判断。奥田夫人と知事の兄の二人の被告は、福岡簡裁に略式起訴され、各罰金二十万円、公民権停止四年の略式命令を受けた。このほか、略式起訴が四人。「お布施は儀礼。買収には当たらない」などと無罪を主張していた「県民の会」幹部や有力運動員だった市議ら計七人が起訴され、その後、有罪判決（罰金、公民権停止）が確定、収束した。

スタート時点では政治生命が危ぶまれた奥田氏だったが、県庁職員組織の一丸となった支援で、自民党など多数野党との妥協点を探りながら、粘り強く県政運営に取り組み、徐々に評価を得ていった。

知事選も一九八七年は消費税問題が追い風となり、九一年は保守系候補の分裂で当選を重ね、通算三期務めた。

革新色は薄らぐ一方だったが、「豪華すぎる」と批判した知事公舎への入居は最後まで拒み通した。

知事の逮捕

六選知事の落とし穴

一九七九（昭和五十四）年二月、黒木博・宮崎県知事が、県営工事の受注に絡み、宮崎市の土建業者から三千万円の賄賂を受け取ったとして告発された。宮崎地検は四月八日の知事選終了を待って本格的な捜査に乗り出し、六月八日、受託収賄容疑で逮捕した。

黒木氏は二十年間、知事の座にあり、全国知事会副会長を務め、アジアのノーベル賞と言われるラモン・マグサイサイ賞も受賞している。

現職知事の逮捕は戦後三人目で、地方自治の根幹を揺るがす不祥事として全国に報道された。しかし、黒木氏は一貫して無罪を主張。一審の宮崎地裁では懲役三年、追徴金三千万円（求刑懲役三年六月、追徴金三千万円）の有罪判決だったが、一九八八年七月二十八日の福岡高裁宮崎支部での控訴審判決では無罪となり、検察側は上告を断念。地検の汚職捜査の甘さが厳しく批判される結果になった。

この事件は、一九七九年二月、前宮崎県建設業協会長の依頼を受けて、東京の弁護士が宮崎地検に告発状を出したのが発端。「宮崎市の土建業者が、砂防工事で手抜きして県の業者指名停止処分を受けた。このため業者は黒木知事に現金を贈って県工事を受注しようと計画、一九七六年九月二十一日夜、知事公舎で協会長を介して三千万円を贈った」という内容で、告発状には「九月二十一日　三千万たしかに受取りました　黒木」という領収メモのコピーも添えられていた。

そのころ、宮崎政界では三月十四日の知事選告示を前に、黒木知事に六選出馬を断念させようとする動きがあり、協会長がその工作に絡んでいたことが分かっていた。黒木知事が告発人を名誉毀損と誣告《ぶこく》罪で逆告訴したため、事件は不起訴になるとの見方も強まっていたが、地検は、筆跡鑑定の結果、「領収メモ」は黒木知事の直筆の可能性が高いことなどから強制捜査に着手し、知事の逮捕、起訴に踏み切った。

黒木氏は、唯一の物証となった三千万円の領収メモについて、「七四年に政治資金として受け取り、翌年の知事選挙に使った」として賄賂性や受け取り時期を否認。一審は検察側主張を認めたが、控訴審では「建設業者に頼まれて知事に賄賂を渡したという協会長の証言は信用できない」などとした上で、「告発は黒木被告に対する怨念に端を発し、政治的意図で行われた。起訴事実を認めるに足りる十分な証拠はなく、犯罪の証明がない」として逆転無罪を言い渡した。

読売新聞は無罪判決時の一九八八年七月二十八日夕刊で、「捜査段階から、わいろを贈ったとされる建設業者が一貫して否認、メモの出所についても仲介者と被告の間で供述が大きく食い違っていた。とすれば、この時点でメモの紙質などの鑑定をし、どちらの供述に信用性があるかを見極めるべきではなかったか。（中略）検察側は、慎重な捜査を欠いたといわれても仕方ないだろう」「告発事件には、必ずと言っていいほど、政治的背景や当事者の思惑が絡む。この点でも汚職捜査に対する宮崎地検の判断の甘さが浮き彫りにされた」『検察側は三千万円の使途すらつかんでいない。金の出入りを明らかにするのは、汚職捜査の常道。にもかかわらず、宮崎地検が強引に起訴に持ち込んだその裏には、ロッキード事件の摘発（一九七六年七月）、福島・木村守江知事（同八月）、岐阜・平野三郎知事（同十二月）の摘発で意気上がる検察のおごりがあったのではないか」と検察の捜査手法を厳しく批判する解説を付した。

黒木氏は無罪判決時、八十一歳。逮捕以来九年ぶりに県庁に行き、知事退任のあいさつ回りをした。その三年後の秋の叙勲で勲一等瑞宝章に輝いた。事件で途絶えたフィリピンでの植樹活動を再開したが、二〇〇一年十二月二十四日、九十四歳で死去した。

■癒着で行政の信失う■

黒木氏の辞任後、宮崎県知事となった元林野庁長官の松形祐尭《すけたか》氏は一九七九（昭和五十四）年から二〇〇三年八月四日まで連続六期二十四年、知事を務めた。この間、県政は比較的平穏だったが、最後の六期目をめざす一九九九年知事選に、元県商工労働部長の安藤忠恕《ただひろ》氏が多選・高齢（当時松形氏は八十一歳）を批判して出馬した。結果は松形氏が当選したものの、安藤氏は十万余票を得て善戦。次の二〇〇三年七月の選挙では、松形氏の後継者と目された前県出納長を二万五五〇〇票の僅差で破り、初当選を果たした。

大胆な人事刷新、民間からの女性副知事の登用、知事任期を三期十二年以内とする条例制定、景気・雇用対策のための事業展開などを公約に掲げたが、県議の多くが野党となり、実現へのハードルは高いと予想された。そしてわずか一年後の二〇〇四年六月、選挙前の二〇〇三年五月下旬に後援会事務所員の妻の要求で「安藤忠恕が知事に当選した場合、〇〇氏の処遇の実現を約束します　平成十五・五・二十七」と別の後援会幹部の名刺の裏に書いたことが明らかとなった。安藤氏は「異様な雰囲気の中で強いられて書いた」と弁明し、この男性と妻を強要と公選法違反（選挙の自由妨害）容疑で逆告訴した。

宮崎県知事公舎から押収品を運び出す捜査員

結局、宮崎地検が双方を嫌疑不十分で不起訴処分とし落着したが、さらに二〇〇六年九月、安藤氏の後援会側が初当選直後の二〇〇三年九月に安藤氏の「政治コンサルタント」といわれた元国会議員秘書の会社役員に現金五千万円を渡していたことが発覚する。宮崎県警はこの事件を突破口に、コンサルタントの会社役員が安藤氏の選挙資金調達のため、東京の測量設計会社社長を引き合わせ、一七〇〇万円を提供させたこと、また、選挙後、安藤氏が「選挙の諸経費の清算に必要」と二千万円を同社長に要求したことなどを突き止めた。

宮崎地検は、安藤氏の当選後、社長が選挙支援の見返りとして県発注業務の受注を再三にわたって要求、設計会社社長―コンサルタント―知事―出納長―担当部長の流れで同社に県発注業務を落札・受注させるように、官製談合が繰り返し行われた構図を解明。二〇〇六年十一月、同社長と出納長ら県幹部を競売入札妨害（談合）容疑で次々と逮捕した。

県政が動揺、混乱する中で、安藤氏はついに十二月三日、「県政を混乱させた」として辞職願を県議会議長に提出、県議会は翌日同意した。同八日、県警は競売入札妨害（談合）の疑いで安藤氏に出頭を求め、否認のまま逮捕した。この時期、一カ月半の間に公共工事の発注を巡って福島、和歌山両県の発注時の知事が逮捕されており、三人目となる安藤氏の逮捕で、地方自治への信頼が大きく損なわれることになった。

一連の捜査は二〇〇七年四月に終結。安藤氏は事前収賄、第三者供賄、競売入札妨害罪で宮崎地裁に起訴された。七月から始まった公判で、安藤氏は全面無罪を主張したが、二〇〇九年三月、懲役三年六月、追徴金二千万円（求刑懲役四年六月、追徴金同）の実刑判決を受けた。安藤氏は控訴したが、二〇一〇年四月十五日、福岡高裁宮崎支部は「県民の期待を裏切った背信行為」として控訴を棄却した。安藤氏は最高裁へ上告するが、すでに悪性リンパ腫を病んでおり、同月三十日、入院先の病院で死去。最高裁は公訴の棄却を決定した。

宮崎県は二度にわたって県政を揺るがしたトップの逮捕で大きな不信感に包まれた。安藤氏の辞任後の出直し知事選ではタレント出身の東国原英夫氏が当選し、全国の注目を集めた。

教育　歪んだ大学教育

福岡歯科大で寄付金の着服

一九七八（昭和五十三）年九月十六日の読売新聞朝刊社会面「福歯大理事が横領　寄付金名目で数千万円」の記事で、私立福岡歯科大（福岡市西区＝現・早良区）の不正事件の取材合戦が始まった。

記事の内容は、同大の経理担当常務理事が、入学生の父母から預かっていた入学寄付金など数千万円を着服、五月に新築した豪華な自宅の建築費にあてた疑いで、福岡地検の調べを受けている、というものだった。以後、同大経営の乱脈ぶりが次々と紙面で明らかにされていく。

文部省は同年九月二十八日、経理担当常務理事の退任、理事長の学長兼務を解くこと、一九七七年度分の私学助成金二億三千万円の返還などを求めた。大学側は十月二十八日の理事会で理事を入れ替え、新理事長に元福岡県副知事を選んで再建に乗り出し、十一月には日本私学振興財団への私学助成金（総額三億三千万円）の返還を決定。

一方、福岡国税局はこの常務理事ら十人の脱税を摘発した。この常務理事は九月二十五日、入学寄付金、学債費二億三四〇〇万円の着服など業務上横領容疑で福岡地検に逮捕、起訴され、一九八一年十一月、福岡地裁で懲役三年、執行猶予四年（求刑・懲役五年）の判決を受けた。

九州産業大で助成金不正受給

一九八二（昭和五十七）年十一月九日、福岡市東区の私立九州産業大が一九七六年度から六年間にわたって大学職員八人を講師や助手と偽って申請し、日本私学振興財団から私大助成金約五千万円を不正に受給していたことが明るみに出た。

教員の水増しによる不正受給は四年制大学では初めての不祥事。大学側は不正受給を認め「全額返還したい」と申し出たが、文部省と同財団は、助成金の交付取り消しもありうるとして、事実関係の調査を始めた。

同大では一九七〇年安保闘争の前後から学園紛争が起こり、一時、過激派セクトの拠点になったことがある。学生数も激減し、経営危機に陥ったため、大学側は、炭鉱会社の労務担当だったT氏を参与として招き、学内秩序の回復を任せた。同氏は体育会系学生やタカ派の職員らを率いて活動家学生の排除や封じ込めに成功。参与から理事、副理事長、そして理事長へと経営の中枢に上るが、経営姿勢に批判的な職員や教員に対しては終始監視の目を光らせ、追い出し工作も行うようになった。報道陣の取材にも門を閉ざし、職員が記者やカメラマンに放水して構内立ち入りを妨害、望遠レンズ付きカメラで撮影したり、後をつけて取材活動を監視するなど、異様な対応が続いた。

激しい取材合戦の中で、同大の複数の幹部が大学を指導監督する文部省の担当係官を料亭やクラブで頻繁にもてなし、デパートの商品券を贈っていたこと、助成金をそれらの接待費に流用していたこと――などが次々と報じられ、財団は一九八二年度分の助成金の交付を保留（一次分六億円）した。学内の教員による五学部の拡大教授会は一九八三年一月までに理事の総退陣を要求することを次々決議。学長と教学側理事二人も辞任表明したが、理事長が支配を強めた理事会は国会議員、経済界実力者らに事態収拾の協力を依頼し、延命を図った。

一月二十日、福岡県警は理事長と前理事長だった理事、副理事長の三人と大学を経営する学校法人・中村産業学園を補助金等適正化法違反容疑で福岡地検に書類送検（副理事長のみ起訴）。文部省、私学振興財団は二月三日、理事長ら幹部三人を呼び、事実上理事長らの退陣を迫る運営体制の刷新や入学者選抜方法の公正化、経理の適正処理など五項目を改善指導。財団が過去五年間に交付した助成金の五〇パーセント以上に当たる約二十五億八千万円を返還するよう命じた。返還額は一九七〇年に私大助成制度が始まって以来最高だった。

九産大の経営刷新をめぐる混乱はその後も続く。「混乱収拾まで」と居座った形の理事長に対し、文部省もうかつに手を出すことは「私大不介入」の立場からできないが、大学側も助成金の不交付は経営上長くは耐えられないため、徐々に改善を図らざるを得ない状況となる。結局、理事長が一九八三年十二月十八日に辞任して経営体制の刷新が始まるが、その後も学長の解任、地位保全申請騒ぎなどこじれた関係は解けなかった。ようやく、五年後の一九八八年三月に「学校運営の改善報告」が文部省と財団に認められ、助成金も一九八七年度分から復活交付され、九〇年度に全額交付となり、ほぼ正常化した。

私大不祥事は久留米工大（福岡県久留米市）や九州共立大・九州女子大などを経営する福原学園（北九州市）などでも発覚し、全国に波及した。国の私大助成金制度ができてから「私大経営はもうかる」時代に入り、大学全入など国民の教育熱も背景に続々と私立大学が全国的に設立されたが、その拡大期の典型的な不祥事が福岡県内で多発したのである。

■九州の事件 五十年　年表

年月日	九州と沖縄、山口県地方の出来事	全国と世界の出来事	
一九六三年（昭和三十八年）二月十日	北九州市発足	三月三十一日	吉展ちゃん誘拐事件
		五月一日	狭山事件発生
		九月十二日	最高裁、松川事件再上告審で検察の上告を棄却（被告全員、十四年目の無罪確定）
		十一月九日	横浜市鶴見区の東海道線で二重衝突、死者一六一人（鶴見事故）
十一月九日	三井三池・三川鉱で炭じん爆発、死者四五八人	十一月二十二日	ケネディ米大統領暗殺（初のテレビ宇宙中継）
		十二月八日	力道山刺殺事件
一九六四年二月二十七日	大分空港で鹿児島発の富士航空機が着陸に失敗、空港付近の河原に墜落炎上。二十人死亡、二十二人重軽傷	一月三日	連続殺人で手配中の福岡県行橋市の元運転手を逮捕。六三年十月に福岡県苅田町で専売公社職員と運転手を殺害するなど計五人を殺害していた
		三月二十一日	ライシャワー米大使が日本人

六月十八日	島根県に集中豪雨。死者一〇九人、行方不明者二十四人
八月二十三日	台風十四号が枕崎市付近に上陸。死者十七人、行方不明八人
九月二十四日	台風二十号が鹿児島県大隅半島に上陸。死者三十九人、行方不明十七人
九月二十五日	宇土市議の当選無効取り消し訴訟で、最高裁は上告を棄却、市議の当選無効が確定。連座制による当選無効の初判断
十月三日	九州横断道の大分・湯布院—熊本・阿蘇一の宮間五二キロメートル（やまなみハイウェー）が開通。別府—阿蘇—雲仙—長崎の九州横断が実現
十一月十二日	米原潜「シードラゴン」、佐世保に入港（初の原潜寄港）
一九六五年	
四月九日	長崎県の日鉄伊王島鉱業所で坑内ガス爆発。三十人死亡、十五人重軽傷
五月二十五日	米原潜「スヌック」、佐世保入港
六月一日	福岡県稲築町（現嘉麻市）の山野鉱業所でガス爆発。二三七人死亡、三十八人重軽傷

	少年に刺され負傷
六月十六日	「新潟地震」発生
九月十七日	東京モノレール開業
九月二十三日	読売新聞、西部本社で発行開始
十月一日	東海道新幹線が開業
十月三日	日本武道館開館
十月十日	第十八回東京オリンピック大会開幕。九十四の国と地域から七五〇〇人が参加
二月七日	アメリカ軍、北ベトナムに本格的爆撃
二月二十二日	北炭夕張鉱業所でガス爆発。六十二人死亡
四月	新聞協会加盟四十社が日曜日の夕刊発行を休止

十二月十二日	福岡県新宮町などで、独り暮らしの老人ら八人を殺害した長崎県・対馬出身の男を逮捕
一九六六年（昭和四十一年）	
八月二十五日	九州で日本脳炎大流行
九月二十四日	天草五橋開通
十二月十三日	政府は米軍板付基地を国内民間航空機が共同使用することに決定

八月十九日	佐藤首相が首相として戦後初の沖縄訪問
十一月十九日	戦後初の赤字国債発行を決定
二月四日	全日空ボーイング727型機羽田沖に墜落。乗客・乗員一三三人全員死亡
三月四日	カナダ航空DC8型機、羽田空港防潮堤に激突炎上。乗客・乗員六十四人死亡
三月五日	BOACのボーイング707型機、富士山付近で空中分解・墜落。乗客・乗員一二四人全員死亡
五月十六日	中国、文化大革命を発動（五一六通知）
六月二十九日	ビートルズ初来日
十一月十三日	全日空YS11型機が松山沖に墜落、乗客・乗員五十人全員死亡。十五日には捜索中のヘリ二機が墜落、四人死亡

一九六七年 四月四日	中国・温州沖の東シナ海で漁船「第五十二源福丸」が国籍不明の船に当て逃げされ沈没、乗組員十一人全員死亡
七月九日	台風七号による西日本豪雨。死者・行方不明者三六九人
九月二十八日	三井三池・三川鉱で坑内火災。七人死亡、三百余人が中毒
一九六八年 一月十六日	米原子力空母「エンタープライズ」入港阻止闘争に加わるため国鉄博多駅に到着した過激派学生三百人が福岡県警機動隊などと衝突。十九日、エンタープライズ、佐世保入港
二月二十一日	宮崎県えびの町（現えびの市）で震度五の地震。三月下旬にかけて震度四～五の群発地震。死者三人
六月二日	九州大学大型計算機センター（福岡市・箱崎）に米軍板付基地所属のファントム墜落
九月十七日	種子島宇宙センターで初のロケット打ち上げ

二月十一日	初の建国記念の日。各地で抗議と祝賀
八月三日	公害対策基本法公布
十一月八日	佐藤首相が東南アジア訪問。十一月十二日に訪米。共に学生が阻止行動（羽田デモ事件）
二月五日	沖縄・米軍嘉手納基地にＢ52爆撃機飛来
二月二十日	金嬉老、静岡県清水市内で二人を射殺し逃走。二月二十一日、寸又峡温泉で人質をとって籠城、二月二十四日、逮捕
八月十八日	観光バス、飛騨川に転落、一〇四人死亡
九月二十六日	水俣病を政府が公害認定

十月十五日	米ぬか油中毒事件で、北九州市がカネミ倉庫に営業停止を通達
十一月十九日	米軍嘉手納基地でB52爆撃機の爆発事故
一九六九年（昭和四十四年）	
一月五日	九大に墜落したファントムの機体が引き下ろされる。学長が辞意
四月一日	九州のUHFテレビ局が放送を開始
五月八日	北九州市全域に初のスモッグ警報
八月二十五日	カネミ油症事件で、県警がカネミ倉庫の社長、前工場長らを業務上過失傷害容疑で書類送検
九月二十二日	福岡県山田市（現嘉麻市）の古河鉱業下山田鉱業所の採炭現場で炭じん爆発。作業員十四人死亡
十月八日	西鉄ライオンズの八百長報道。プロ野球黒い霧事件に
十一月二十七日	福岡地裁からテレビフィルムの提出を命じられたNHK福岡放送局と民放三社が提出命令の取り消しを求めた裁判で、最高裁は、公正な刑事裁判の実現のためには報道の自由の制

十月二十五日	最高裁で山口県で起きた「八海事件」四被告の無罪確定
十二月十日	東京都府中市で三億円強奪事件が発生
一月十八日	十九日にかけて東大封鎖を解除
四月七日	連続射殺事件で広域重要指定一〇八号・永山則夫逮捕
七月二十日	米アポロ11号、月着陸に成功。人類が初めて月面を踏む
十一月十九日	佐藤・ニクソン会談で沖縄の返還が決定
	（この年、世帯当たりの平均年収百万円を突破。厚生省の「国民生活実態調査」）

	約もやむを得ない、と判断。特別抗告を棄却
一九七〇年 三月三十一日	羽田発福岡行き日航機「よど号」を赤軍派九人がハイジャック、北朝鮮に亡命
	新日本製鐵が発足
五月十四日	大分県内で変造紙幣出回る。六月初旬までに一万円札八枚、千円札三十二枚、五百円札一枚
五月二十五日	プロ野球・黒い霧事件で、西鉄ライオンズの三投手の永久追放処分決定
十月二十四日	三菱重工業長崎造船所で発電タービンが爆発。死者四人、重軽傷者五十四人
一九七一年 三月	佐賀県教組の休暇闘争で、最高裁が福岡高裁の判決を支持し、無罪確定
六月五日	ネズミ講の「天下一家の会」脱税事件で熊本国税局が第一相互経済研究所を強制調査

三月十四日	大阪府吹田市で日本万国博覧会開催
十一月二十五日	作家三島由紀夫が東京・市ヶ谷の自衛隊内で決起を呼びかけ、のち割腹自殺
十二月二十日	沖縄コザ暴動事件。交通事故処理を巡るＭＰと群衆の対立
三月十七日	引き揚げた戦艦「陸奥」の艦尾後部から遺骨五十数個が見つかる
六月十七日	沖縄返還協定調印
七月三日	東亜国内航空のＹＳ11型機が北海道函館で墜落、乗客・乗員六十八人全員死亡

八月二十四日	福岡の政令指定都市決まる。七二年四月発足。札幌、川崎も同時
十一月十三日	宮崎県高千穂町の土呂久鉱山で多くの住民が亜ヒ酸中毒と、地元の小学教諭が県教研集会で告発（土呂久公害）
一九七二年（昭和四十七年）	
七月四日	豪雨被害。熊本県天草地方で一一一人が犠牲になるなど全国で死者三五九人、行方不明七十八人
十二月十四日	一九五四年十月に山口市仁保で一家六人が殺害されるなどした「仁保事件」。強盗殺人罪に問われた被告の差し戻し控訴審で、広島高裁が一審死刑判決を破棄、無罪を言い渡す

七月三十日	岩手県雫石町上空で全日空ボーイング727型機と自衛隊機が空中衝突、全日空機の乗客・乗員一六二人全員死亡
八月二十八日	一ドル＝三六〇円時代終わる。暫定的変動相場制へ
二月二日	グアム島で発見された横井庄一さんが帰国
二月十九日	連合赤軍、軽井沢の「あさま山荘」で人質をとって籠城（二月二十八日機動隊突入、銃撃戦後に逮捕）
三月二十七日	外務省公電漏えい事件を社会党議員が国会で追及
四月十六日	作家川端康成、ガス自殺
五月十三日	大阪・千日デパート火災、死者一一七人
五月十五日	沖縄、本土復帰、県が発足へ
五月三十日	テルアビブ空港乱射事件

一九七三年	
三月八日	福岡県北九州市八幡区（現八幡東区）の福岡県済生会八幡病院で火災、患者十三人が焼死、六十人負傷
三月二十日	水俣病第一次訴訟で原告勝訴。熊本地裁がチッソに総額九億三七三〇万円余の支払いを命じる
八月十二日	大分市の住友化学大分製造所（現・大分工場）で製品倉庫が爆発、七五〇〇人健康調査
十一月十四日	関門橋が開通。全長一〇六八メートル
十一月二十九日	熊本市の大洋デパートで火災。一〇四人が死亡。一二四人が重軽傷
一九七四年	
一月十五日	長崎県の「軍艦島」高島礦業所端島礦閉山、無人島に
三月二日	沖縄県那覇市で下水溝工事中に不発弾が爆発、四人死亡、三十二人負傷

三月十三日	国鉄上尾駅で順法闘争に反発して乗客が暴動（上尾事件）
八月八日	金大中、ＫＣＩＡにより東京のホテルから拉致される
十月六日	第四次中東戦争勃発
十月十七日	世界的な第一次オイルショック
十一月一日	巨人軍が日本シリーズ九連覇を達成
三月十二日	フィリピン・ルバング島に潜伏していた小野田寛郎元少尉が帰国
八月八日	ニクソン大統領、ウォーターゲート事件を追求され辞任発表
八月十五日	韓国・朴大統領狙撃事件（犯人は在日韓国人・文世光）

十二月十一日	別府保険金殺人事件の容疑者を大分県警が逮捕。事故を装って妻子三人を殺害し、生命保険金計約三億円をだまし取ろうとした疑い
一九七五年（昭和五十年）一月二十八日	玄海原子力発電所一号機が臨界。十月十五日に営業運転開始
四月十九日	沖縄県で米兵の日本人女子中学生暴行事件
六月五日	日産自動車九州工場（福岡県苅田町）が操業開始
七月十七日	沖縄国際海洋博覧会名誉総裁として沖縄ご訪問中の皇太子ご夫妻に火炎瓶が投げつけられる。犯人はその場で逮捕。
八月二日	宮崎市の橘百貨店が倒産。負債総額七十六億六千万円
九月二日	朝鮮半島西側の黄海で、佐賀県のフグはえなわ漁船「松生丸」が北朝鮮

九月一日	原子力船「むつ」、放射能漏れ発見
十月十日	「文藝春秋」十一月号で田中金脈問題表面化。十二月九日に田中角栄内閣総辞職
十月十四日	長嶋茂雄引退
三月十日	新幹線の岡山―博多間開通。東京―博多間が六時間五十六分で結ばれる
四月三十日	ベトナム戦争終結
五月十九日	連続企業爆破事件の容疑者が逮捕される
七月十九日	沖縄国際海洋博覧会開幕
八月四日	日本赤軍がマレーシア・クアラルンプールのアメリカ大使館等を占拠

	の警備艇に銃撃され、乗組員二人が死亡、二人負傷。
一九七六年	
九月十日	九州初の地下街が福岡・天神にオープン
九月二十五日	日本海北部で操業中の福岡県のイカ釣り漁船「第二十三浜吉丸」がソ連警備艇に捕まり、ナホトカへ抑留される。後に釈放され、十一月二十二日に博多港に帰港
十二月二十一日	全国自治宝くじ発売。売り場に群衆が殺到し、福岡市・平和台球場と長野県松本市で各一人死亡、四十五人が重軽傷
一九七七年	
七月七日	一九一五（大正四）年、山口県下で起きた強盗殺人事件の犯人として無期懲役が確定、服役した加藤新一さんの再審判決公判で、広島高裁は確定判決を破棄、無罪を言い渡す
十月十五日	長崎でバスジャック事件、犯人一人を射殺、一人を逮捕

二月四日	ロッキード疑獄事件発覚。七月二十七日に田中角栄前首相逮捕
九月六日	ソ連のミグ25が函館に着陸し亡命を求めた。ベレンコ中尉亡命事件
十月二十九日	酒田大火（山形県酒田市中心部）。焼損棟数一七〇〇棟以上
九月三日	王貞治選手がホームラン世界新記録の七五六号を達成
九月二十八日	日本赤軍、日航機をハイジャック、ダッカに強制着陸。日本で拘置・服役中の九人の釈放などを要求。政府は翌日、これを受諾。六人を超法規的措置で釈放

一九七八年（昭和五十三年）	
五月二十日	北部九州大渇水。福岡市で時間給水。三〇八日間
八月十二日	鹿児島県吹上浜海岸にドライブに出かけた鹿児島市の市川修一さんと増元るみ子さんが行方不明に。北朝鮮工作員に拉致された疑い
九月二十五日	福岡歯科大学の常務理事が入学寄付金・学債費二億三四〇〇万円を着服したなどの容疑で逮捕・起訴される
十月十二日	プロ野球球団クラウンライターライオンズが西武グループに身売り
十一月八日	ネズミ講の第一相互経済研究所会長の所得税法違反事件で、熊本地裁は有罪判決
一九七九年	
六月八日	宮崎県の工事受注をめぐり賄賂を受け取ったとして宮崎地検が黒木博知事を受託収賄容疑で逮捕。八八年に無罪確定
九月一日	福岡市の人口が一〇六万八七九〇人となり、北九州市の人口を上回る

三月二十六日	新東京国際空港（現・成田空港）建設反対派が管制塔を占拠。開港が二カ月遅れる
八月十二日	日中平和友好条約調印
一月二十六日	大阪市の三菱銀行に猟銃を持った男が人質を取って立てこもる。犯人は射殺される
三月二十八日	米スリーマイル原発で事故

九月六日	阿蘇中岳が爆発、噴石などで観光客三人が死亡、十五人重軽傷
十一月十八日	全日空機二機が桜島南岳の爆発による火山礫を受け、操縦席のフロントガラスにひび。両機は鹿児島空港と大阪空港に引き返して無事。十二月にも同様の事故が発生
一九八〇年 一月六日	宮崎県西都市の速川神社参道のつり橋でケーブルが切れ、二〇メートル下の河原に転落した七人が死亡、十五人が重軽傷
九月	安川判事補の職権乱用事件発覚。女性被告に判決の量刑軽減をちらつかせ情交を迫る。八五年。最高裁で懲役一年の実刑判決が確定
一九八一年 一月二十二日	佐賀県・星賀港で海に転落した乗用車から男の死体発見。北九州市の水産会社社長が妻や愛人と共謀、他人を身代わりにした保険金詐欺事件
六月十一日	福岡県大牟田市の三井三池・三川鉱で落盤事故、六人死亡

十月二十六日	朴正熙韓国大統領が側近に射殺される
七月十九日	モスクワ五輪。日本を含め約五十カ国がボイコット。参加は八十一の国と地域
八月十六日	静岡駅前の地下街でガス爆発。十五人が死亡、二二三人が負傷
八月十九日	新宿バス放火事件
十二月八日	ジョン・レノンが射殺される
三月二日	中国残留孤児四十七人初来日
四月十二日	米スペースシャトル、初の打ち上げ
六月十七日	東京都江東区で通り魔事件が発生。母子ら四人を刺殺

十一月十三日	山口県警下関水上署が韓国の覚醒剤密輸船を摘発した際、県警本部保安課主任と同署刑事防犯課主任が押収品の覚醒剤をネコババしていたことが発覚
一九八二年（昭和五十七年）	
二月一日	カンボジアで行方不明となったフリーカメラマン一ノ瀬泰造さんの両親（佐賀県武雄市在住）らが、アンコールワットの東一〇キロメートルのプラダック村で遺体を発見
三月十八日	佐世保重工業佐世保造船所でタンカー火災。死者十人
七月二十三日	長崎大水害、死者・行方不明者二九九人。「眼鏡橋」も破損
九月五日	大分市郊外の埋め立て地で十億円分のニセ五千円札を発見。前年暮れから全国で見つかっていた「利―一八号」と断定。同市の元印刷会社経営者ら三人を逮捕
十一月九日	九州産業大が七六年から六年間にわたり大学職員八人を講師や助手と偽って日本私学振興財団から私大補

二月八日	ホテルニュージャパンで火災。三十三人が死亡、三十四人が負傷。
二月九日	日航のDC8型機が羽田沖に墜落、死者二十四人、負傷者一四九人。機長がエンジンを逆噴射させたため。九月十七日、心神喪失状態にあったとして不起訴処分
四月一日	新五百円硬貨発行
八月二日	台風十号が愛知県に上陸。死者・行方不明者九十五名。
十一月一日	大阪府警で取締情報を漏らす見返りに、現金を受け取る汚職事件が発覚（ゲーム機汚職事件）

	助金を不正に受け取っていたことが発覚。文部省は補助金約二十五億八千万円の返還命令
一九八三年	
三月二十二日	福岡市営地下鉄一号線（姪浜—博多駅）が全線開業
五月九日	山口県秋吉台のサファリランドで、猛獣監視員がトラ四頭に襲われ死亡
七月十五日	熊本地裁八代支部が、免田事件の再審裁判で免田栄さんに無罪判決。
七月二十三日	島根県西部と山口県東部を中心に集中豪雨。死者一〇二人、行方不明五人
十月一日	米原子力空母「カールビンソン」が佐世保に入港
一九八四年	
一月十八日	三井三池・有明鉱で坑内火災。九十六人が坑内に閉じこめられ、八十三人死亡
三月二十八日	土呂久鉱山ヒ素汚染で、宮崎地裁延岡支部が住民勝訴の判決

五月二十六日	日本海中部地震が発生。マグニチュード7・7、震度五。死者一〇四人
九月一日	ソ連、領空内に侵入した大韓航空機を撃墜、乗客・乗員二六九人（うち日本人二十八人）全員死亡
三月十八日	江崎グリコの社長が誘拐、身代金を要求される（グリコ・森永脅迫事件）

五月十九日	北九州市議長宅に電話盗聴器。その後の捜査で盗聴先は八件にのぼることが判明。市職員と建設業者の汚職事件に発展
六月二十五日	熊本市の食品会社が製造した「からし蓮根」を食べた旅行者ら五人が食中毒。十四都府県で三十八人の患者、うち十一人が死亡
一九八五年（昭和六十年）	
一月九日	都市モノレール小倉線が開業
三月二十五日	長崎北松じん肺訴訟の第一審判決で、長崎地裁佐世保支部が会社側の責任を初めて認め、原告八十人に総額約九億九九四〇万円の支払いなどを命じる。以降、筑豊、長崎伊王島など全国でじん肺訴訟の提訴相次ぐ
四月二十四日	長崎県高島町の三菱石炭鉱業高島礦業所の海底坑内でガス爆発。十一人死亡、六人重軽傷
七月十九日	鹿児島県屋久島近海で漁船が漂流中のボートを発見。巡視船が八人を救助、ベトナム難民と確認される
九月六日	全斗煥大統領、現職の韓国大統領として初来日
九月十四日	長野県西部地震発生。マグニチュード6・8、震度四。死者二十九人
十一月一日	新紙幣発行「一万円札、福沢諭吉」「五千円札、新渡戸稲造」「千円札、夏目漱石」
八月十二日	羽田発大阪行き日本航空のジャンボジェット・ボーイング747SR型機が群馬県・御巣鷹山の山中に墜落、炎上。五二〇人死亡。単独機として世界最大の航空機事故

一九八六年 二月二十一日	「長寿世界一」の泉重千代さん（鹿児島県・徳之島）が死去。一二〇歳
六月十六日	航空自衛隊新田原基地のＦ４ＥＪファントム戦闘機が豊前市の水田と宇佐市沖の周防灘に墜落。乗員四人は脱出
七月十日	鹿児島市・城山などで集中豪雨による土砂崩れが発生。十八人死亡
十一月二十七日	三菱石炭鉱業高島礦業所閉山
一九八七年 三月十八日	日向灘を震源とするマグニチュード6・9の日向灘地震発生。宮崎市で震度五を観測
十一月一日	日出生台演習場（由布市、玖珠町、九重町）で陸上自衛隊と米軍が九州初の共同訓練を実施
一九八八年 三月一日	水俣病刑事裁判の上告審で最高裁は業務上過失致死罪に問われたチッソの元社長、元水俣工場長の上告を棄却。禁錮二年、執行猶予三年が確定

一月二十八日	米のスペースシャトル「チャレンジャー」が爆発、乗組員七人全員死亡
四月二十六日	ソ連・チェルノブイリ原発が爆発事故。周辺各国へも影響、日本でも放射能検出
十一月二十一日	伊豆大島の三原山噴火。全島民が島外へ避難
四月一日	国鉄からＪＲ六社へ
五月三日	朝日新聞阪神支局に覆面男が侵入して発砲、記者一人死亡、一人重傷
十一月二十日	全日本民間労働組合連合会（連合）が発足
三月二十四日	中国で修学旅行中の高校生が乗った列車が脱線転覆事故

三月二十八日	熊本県小川町で起きた婦女暴行致傷事件の犯人とされ、三十二年間無実を訴えている大阪府の松尾政夫さんの再審請求について、熊本地裁が再審開始を決定。松尾さんは五月五日に病死
四月十五日	北九州市で七九年に起きた病院長殺害事件で、最高裁は二被告の上告を棄却。死刑確定
十月一日	ダイエーがプロ野球南海ホークスを買収、福岡ダイエーホークスが誕生
一九八九年（平成元年）三月十七日	福岡市で「アジア太平洋博覧会―福岡89」（よかトピア）開幕。九月三日までの一七一日間に約八二三万人が入場

三月十三日	青函トンネル開業
四月十日	瀬戸大橋が開通
六月一日	「自衛官合祭（合祀）訴訟」の上告審で、最高裁大法廷は合祭（合祀）合憲の判決
六月十八日	川崎市助役、リクルートコスモスの未公開株譲渡で約一億円の利益を得ていたことが発覚（リクルート事件の発端）
七月二十三日	横須賀港沖で海上自衛隊の潜水艦「なだしお」と遊漁船が衝突、死者三十人
十二月五日	東京でJR電車同士が衝突。一一八人が死傷
一月七日	昭和天皇、八十七歳で崩御。八日に「平成」と改元

三月二十二日	カネミ油症事件で、最高裁が提示した和解案を拒否していた全国統一民事訴訟第二陣原告の北九州市内の男性ら三人が鐘化側と和解。油症民事訴訟は完全終結
五月二十九日	長崎県五島列島の美良島に、ベトナム難民一〇七人が乗った木造船が漂着。その後も多数の難民船が漂着する
十二月十六日	北京発上海経由ニューヨーク行きの中国民航機が、中国人の男にハイジャックされ、福岡空港に緊急着陸
一九九〇年	
一月十八日	本島等長崎市長が、市役所前で男に銃撃され胸部貫通の重傷
八月二十日	沖縄県勝連町（現うるま市）の米軍港内海上でＮＨＫ沖縄放送局の取材用ヘリが墜落。記者、カメラマン四人死亡
十一月十七日	長崎県の雲仙・普賢岳が一九八年ぶりに噴火

四月一日	消費税スタート、税率三パーセント
五月十五日	沖縄県西表島の巨大サンゴに「Ｋ・Ｙ」のイニシアル落書きがあったとの朝日新聞の報道について、沖縄県・竹富町ダイビング組合が「朝日新聞カメラマンが作為的に彫った」と明らかにする。朝日新聞は記事が捏造だったことを認め、社長辞任
六月四日	天安門事件
十一月九日	「ベルリンの壁」崩壊
一月十三日	第一回大学入試センター試験実施
七月六日	神戸市の女子高校生が校門に挟まれ亡くなる
十月三日	西・東ドイツが再統一される

一九九一年（平成三年）三月一日	長崎地裁と長崎新聞社の玄関ガラス戸に計四発の銃痕。本島等長崎市長の「天皇戦争責任発言」に対し、市内の右翼団体が長崎新聞社に意見広告を掲載させようとして断られ訴訟を起こしたが、敗訴。県警は九二年一月、右翼政治結社塾頭ら五人を逮捕
六月三日	雲仙・普賢岳で火砕流が発生。ふもとの島原市に流れ下り報道関係者や消防団員ら四十三人が犠牲に
九月五日	山口市の山口カトリック教会・サビエル記念聖堂が全焼。浄財などを基に九八年に再建
九月十五日	雲仙・普賢岳で最大級の火砕流。島原市と深江町で小学校体育館や住宅など一九三棟炎上
九月二十七日	台風十九号が佐世保市付近に上陸。被害は四十三都府県におよび、死者六十二人、負傷者一二六六人
一九九二年 一月十二日	下関沖で瀬渡し船が転覆、九人死亡

一月十七日	湾岸戦争勃発
五月十四日	滋賀県の信楽鉄道で列車が正面衝突、四十二人が死亡
七月十一日	反イスラム的な内容を含む小説を翻訳した筑波大学助教授が大学構内で殺害される
十二月二十五日	ゴルバチョフ大統領が辞任し、ソビエト連邦崩壊
四月十六日	フクニチ新聞社が休刊宣言。

十二月十日	島根県美保関町で、重さ約六・五キロの石が民家の二階屋根から一階床下まで突き抜けた。東京・国立科学博物館の鑑定で、球粒隕石と判明。「美保関隕石」と命名
一九九三年	
二月二十一日	長崎市の巻き網漁船「第七蛭子丸」が東シナ海で沈没。十九人行方不明
三月三日	福岡市営地下鉄の博多—福岡空港駅間が開業
六月二十三日	雲仙・普賢岳で火砕流が頻発、島原市千本木地区に流れ下り火災が発生。一八七棟が全焼。南千本木町では住民一人が熱風に巻き込まれて焼死
八月六日	鹿児島県で豪雨災害。死者・行方不明者四十九人
一九九四年	
三月十五日	福岡市の美容師バラバラ殺人事件で元同僚を逮捕
五月十八日	福岡市・博多港に多数の中国人が密航、福岡県警は一四一人を逮捕。その後、密航にかかわった暴力団組長や漁船長らを逮捕

	四十六年の歴史に幕
十月十四日	佐川急便献金疑惑で金丸信氏が議員辞職（東京佐川急便事件）
四月二日	わが国初の開閉式ドーム球場「福岡ドーム」がオープン
七月十二日	北海道南西沖地震発生。マグニチュード7・8、最大震度五。死者・行方不明者二三〇人
四月二十六日	中華航空一四〇便が名古屋空港で着陸に失敗し炎上、死者二六四人
六月二十七日	松本サリン事件。死者八人

九月二十三日	福岡県飯塚市の小学生の女児二人が甘木市（現朝倉市）の山中で遺体で見つかった事件（九二年二月）で、福岡県警は飯塚市の無職男を死体遺棄容疑で逮捕。二〇〇六年殺人罪などで死刑確定、〇八年十月死刑執行。遺族が再審請求
一九九五年（平成七年）	
五月二十五日	火山噴火予知連絡会は、雲仙・普賢岳について「マグマの供給と噴火活動はほぼ停止状態にある」との統一見解を発表
九月四日	沖縄県で米兵三人による女子小学生の拉致・暴行事件が発生
十月十二日	九重山系の硫黄山が二五七年ぶりに噴火
十月二十一日	女児暴行事件に抗議し、約八万五千人が参加する沖縄県民総決起大会が開かれる

一月十七日	阪神・淡路大震災。午前五時四十六分、マグニチュード7・3の直下型地震が発生。一部地域で観測史上初の「震度七」。死者六四三四人
三月二十日	地下鉄サリン事件。死者十三人
四月十九日	米オクラホマ州の連邦政府ビルで爆弾テロ。死者一六八人
五月十六日	山梨県旧上九一色村のオウム真理教の教団施設内で、麻原彰晃（松本智津夫死刑囚）を逮捕

一九九六年	四月二十日	福岡市博多区に大型複合商業施設「キャナルシティ博多」がオープン
	六月十三日	福岡空港でガルーダ・インドネシア機が着陸に失敗し炎上、乗客三人死亡、一七〇人（事故調）重軽傷
一九九七年	三月三十日	三井石炭鉱業三池鉱業所（三池炭鉱）が閉山
	七月十日	鹿児島県出水市針原地区で土石流災害が発生。二十一人死亡
	十月十四日	水俣湾口の仕切り網撤去完了。その後、湾内で約二十四年ぶりに漁再開
一九九八年	十二月二日	プロ野球福岡ダイエーホークスで「サイン盗」疑惑。主力三選手が本拠地・福岡ドームでの試合で相手投手のサインを盗む。パ・リーグ特別調査委員会は「疑惑ぬぐえず」との報告書を公表
	二月十日	北海道・豊浜トンネルで落盤事故。死者二十人
	四月一日	「らい予防法」廃止
	四月一日	消費税率を五パーセントに引き上げ
	六月二十八日	神戸の小六男児殺害事件で十四歳の少年を逮捕
	七月一日	香港が中国に返還される
	十二月十六日	人気テレビアニメ「ポケットモンスター」を見ていた子どもたちがけいれん、ひきつけ。五百人以上が病院に運ばれる
	二月七日	長野オリンピック（第十八回冬季オリンピック）開催
	七月二十五日	和歌山市内の夏祭りで振る舞われたカレーにヒ素が混入。死者四人。後日、会場近くに住む主婦を逮捕

一九九九年（平成十一年）	
四月十四日	山口県光市の会社員宅に男が押し入り、妻と長女（十一カ月）を殺害。犯人は十八歳少年（光市母子殺人事件）
六月二十七日	山陽新幹線博多―小倉間の福岡トンネルで、側壁落剥事故。下り「ひかり351号」九号車の屋根が長さ一二メートル、幅一メートルめくれ上がって大破
六月二十九日	九州北部に集中豪雨。福岡市中心部を流れる御笠川が三カ所で氾濫。JR博多駅近くのオフィスビルの地下は流れ込んだ濁流で水没、逃げ遅れた女性従業員一人が水死
九月二十九日	下関市のJR下関駅に、山口県豊浦町の運送業者がレンタカーで突っこみ、通行人をはねたあと、二階の駅ホームに駆け上がり、居合わせた人を包丁で無差別に刺す。五人死亡、十人重軽傷
四月一日	「地域振興券」の交付が全市町村で出そろう
七月二十三日	羽田発新千歳行きの全日空六一便がハイジャック。機長が刺され死亡
八月十四日	神奈川県の玄倉川でキャンプ中に増水した川に流され、十三人が死亡
九月二十五日	福岡ダイエーホークスがリーグ初優勝。球団創設以来11年目。日本シリーズで中日を下し初の日本一
九月三十日	茨城県東海村の民間核燃料加工会社JCOで国内初の臨界事故。被曝した作業員二人死亡
十一月二十二日	東京都文京区音羽の主婦が顔見知りの幼児を殺害

二〇〇〇年	
三月二十五日	宮崎市内の畜産農家で肉用牛が家畜伝染病「口蹄疫」に感染。宮崎、熊本、鹿児島三県の家畜の移動を制限
五月三日	佐賀市の十七歳少年が佐賀発福岡・天神行きの高速バスを乗っ取り、一人を刺殺、四人に重軽傷を負わす。その後も十七歳の犯罪が続発
八月十四日	大分県野津町（現臼杵市）で、十五歳の男子高校生が隣に住む一家六人を殺傷
五月二十四日	ストーカー規制法公布
七月八日	三宅島の雄山噴火
七月十九日	九州・沖縄サミットと西暦二〇〇〇年を記念した二千円札発行
二〇〇一年	
二月十日	ハワイ沖で宇和島水産高校の実習船「えひめ丸」が米原潜に追突され沈没。教員、生徒ら九人が死亡
六月八日	大阪教育大学付属池田小学校で児童殺傷事件が発生。八人が死亡、教師を含む十五人が重軽傷を負った
九月一日	東京新宿歌舞伎町でビル火災。死者四十四名
十一月二十九日	長崎県外海町（現長崎市）の池島炭鉱が閉山
十二月二十二日	奄美大島沖で海上自衛隊哨戒機が不審な船舶を発見。巡視船が停船を命じたが、小型ロケット二発を発射するなど抵抗した後に自沈。二人の遺体を収容。北朝鮮の工作船だった疑い

		九月十一日	ニューヨーク、ワシントンなどでイスラム過激派の国際テロ組織アル・カーイダによる同時テロ
二〇〇二年（平成十四年）一月十八日	大分県山香町（現杵築市）の建設会社会長宅に中国人と韓国人の元留学生五人が押し入り、会長とその妻を刺し、カードを奪って逃走。三人は逮捕されるが、主犯格の二人が国外へ逃亡。後に中国で逮捕される	一月二十三日	BSE問題に絡み、大手食品会社が外国産牛肉を国内産と偽って、業界団体に買い取り費用を不正に請求していたことが内部告発される。以降、牛肉偽装が相次いで発覚
一月二十八日	ハンセン病元患者（回復者）らが熊本地裁に起こした国家賠償請求訴訟で、国が謝罪し、総額約十億円の和解一時金を支払うことで合意。ハンセン病問題は全面解決へ		
三月七日	北九州市小倉北区のマンションに十七歳少女を監禁したとして元布団販売業者と内縁の妻を逮捕。少女の父親も二人に殺され、内妻の父母、妹夫婦ら六人も行方不明になっていることが判明（北九州市の監禁・連続殺人事件）	五月三十一日	FIFAサッカーワールドカップ日韓大会開催
		九月十七日	初の日朝首脳会談。金正日総書記が「拉致」を認め、十月十五日に拉致被害者五人が帰国

二〇〇三年 三月二十日	福岡市の人工島事業に絡み、第三セクター「博多港開発」が庭石一万トンやケヤキを高価で購入、元市議が関係する会社が一億八千万円の売却益を得ていたことが判明
四月十一日	鹿児島市の南国花火製造所で爆発事故。死者十人
六月二十日	博多湾で一家四人の遺体発見。中国人元専門学校生ら三人の犯行と判明
七月一日	長崎市の中学一年男子生徒が四歳の幼稚園児を連れ去り、殺害
八月十八日	北九州市のクラブに暴力団員が爆発物を投げ込む
二〇〇四年 四月二十七日	炭鉱経営していた六社と国を相手にした筑豊じん肺訴訟の上告審で、最高裁は国と一社（他の五社とは全面和解済み）の上告を棄却。原告の完全勝訴となる
六月一日	佐世保市の小学校で、六年生女児が同級生にカッターナイフで首を切られて死亡

二月一日	米のスペースシャトル「コロンビア」が大気圏に再突入時に空中分解。乗組員七人死亡
三月二十日	イラク戦争勃発
	（この年、新型肺炎〈ＳＡＲＳ〉が世界的に流行）
五月二十二日	北朝鮮拉致被害者の家族が帰国

八月十三日	沖縄県宜野湾市の沖縄国際大に米軍普天間飛行場を離陸した大型輸送ヘリコプターが墜落。隊員一人重傷
九月二十三日	福岡県大牟田市で母子ら三人の遺体発見。二日前には高校生次男の遺体も。元組長一家四人が強盗殺人罪などで起訴され、全員の死刑が確定
九月二十四日	久留米市の看護師ら四人による連続保険金殺人事件で、殺人、詐欺罪などに問われた主犯格の元看護師に福岡地裁は、求刑通り死刑判決
十月一日	西日本銀行と福岡シティ銀行が合併し「西日本シティ銀行」が発足
十二月十六日	福岡県警の裏金問題で、関与した五十二人を処分。不正総額は一億七千万円。
二〇〇五年（平成十七年）三月二十日	玄界灘を震源とするマグニチュード7・0の地震。福岡市で震度六弱を観測。一人死亡、約一二〇〇人が重軽傷（福岡県西方沖地震）
五月十三日	北九州市の「スペースワールド」が民事再生法申請。親会社の新日本製

十月十五日	関西水俣病訴訟で、最高裁が原告勝訴の判決。国基準より幅広く患者認定
十月二十三日	新潟県中越地震発生。マグニチュード6・8、震度七。関連死を含め、死者六十八人
十一月一日	二十年ぶりに新紙幣発行。「五千円、樋口一葉」「千円、野口英世」
十一月三十日	ソフトバンクが、プロ野球ダイエーホークスの全球団株を五十億円で譲り受けることで正式契約。福岡ソフトバンクホークスが誕生
四月二十五日	兵庫県尼崎市のJR福知山線で脱線事故。一〇七人死亡

	鉄が営業権を札幌市のレジャー施設運営会社に譲渡
十月十六日	九州国立博物館が開館
二〇〇六年	
一月七日	JR下関駅の木造駅舎が全焼。無職男を現住建造物等放火の疑いで逮捕
一月八日	長崎県大村市で認知症の高齢者介護施設が全焼し、入所者九人のうち七人が死亡、二人が負傷
六月四日	桜島の昭和火口が五十八年ぶりに噴火
八月二十五日	福岡市・海の中道大橋で、一家五人が乗った車が、飲酒運転の市職員の車に追突され博多湾に転落。子ども三人が死亡
十月三十日	日本一の「九重〝夢〟大吊橋」が完成。全長三九〇メートル、高さ一七三メートル
十二月八日	官製談合事件で、宮崎県警が安藤忠恕知事を逮捕。一、二審で実刑判決、上告中の一〇年四月に悪性リンパ腫で死去

七月七日	ロンドンの地下鉄で同時爆破テロ。死者五十六人
一月二十三日	証券取引法違反の容疑でライブドアの社長らを逮捕
四月十日	秋田で女子児童が水死体となって発見され、さらに男子児童が五月十八日に遺体で発見された。二人を殺害した女子児童の母親が無期懲役に
十月九日	北朝鮮が核実験を強行

二〇〇七年（平成十九年）四月二日	福岡銀行と熊本ファミリー銀行が経営統合。ふくおかフィナンシャルグループが誕生
四月十七日	伊藤一長・長崎市長がJR長崎駅前で銃撃され、翌日死亡。暴力団幹部を逮捕
八月二十日	台北発那覇行きの中華航空機が那覇空港に着陸した直後に爆発・炎上。全員脱出し死傷者なし
十一月八日	佐賀県武雄市の病院で、入院男性患者が暴力団関係者と間違われ射殺される。暴力団員を逮捕
十二月十四日	佐世保市のスポーツクラブで、男が散弾銃を乱射。二人が射殺され、六人が重軽傷。男は自殺
二〇〇八年 二月十一日	沖縄県警が、女子中学生（十四歳）に乱暴したとして米兵を強姦容疑で逮捕。告訴取り下げで不起訴に
六月十四日	大分県で教員採用試験を巡る汚職事件が発覚。翌年までに当時の校長や

一月十日	大手洋菓子メーカーが消費期限切れの材料を使ったとして内部告発される。以降、食品偽装が相次いで発覚する
七月十六日	新潟県中越沖地震発生。マグニチュード6・8、震度六強、死者十五人
六月十一日	海外からも被爆者健康手帳を申請できるようにする改正被爆者援護法が成立
六月八日	東京都秋葉原で通り魔事件。死者七人、重軽傷者十人

県教委幹部ら八人全員の有罪が確定

八月一日　米原潜「ヒューストン」が佐世保港に入港した際、放射能漏れがあったと米海軍が発表

八月二十二日　霧島連山の新燃岳が十六年八カ月ぶりに噴火

二〇〇九年

四月十四日　長崎県平戸市沖で巻き網漁船「第十一大栄丸」が沈没。乗組員十二人死亡

七月八日　水俣病の未認定患者に一時金などを支給する水俣病被害者救済法が成立

七月二十一日　山口県防府市で豪雨災害。災害関連死を含め防府市では十九人が死亡

九月十七日　国土交通省は川辺川ダム（熊本県）の建設中止を表明

十月二十七日　関門海峡で海上自衛隊の護衛艦「くらま」が韓国のコンテナ船と衝突、「くらま」の艦首が炎上

十二月二十一日　桜島の爆発的噴火が四七五回に達し、二十四年ぶりに最多記録を更新

九月十五日　米証券会社大手リーマン・ブラザーズが経営破綻。米国発の金融危機が世界に波及

二月一日　太平洋戦争で捕虜となった後に死亡した旧日本兵ら約六千人の氏名、階級、埋葬場所などを記したリストを米国立公文書館で確認

五月二十一日　「裁判員制度」スタート

六月四日　「足利事件」の菅家利和さん釈放。DNA鑑定に誤り

十二月一日　原爆症認定を巡る集団訴訟の敗訴原告を救済する「原爆症救済法」が成立

二〇一〇年（平成二十二年）	
一月二十八日	山口大医学部の教授らが、取引業者に物品を架空発注するなどし研究費を業者に預ける不正経理を繰り返していたことが発覚。不正総額は一億八九五六万円
二月二日	福岡県町村会の裏金による県幹部接待疑惑で、福岡県警は同県副知事を収賄容疑で、全国町村会長の添田町長を贈賄容疑で逮捕
四月二十日	宮崎県都農町で家畜伝染病・口蹄疫の感染を確認。その後、牛や豚約三十万頭を殺処分
九月七日	尖閣諸島周辺の領海で中国漁船が海上保安庁の巡視船二隻と衝突。海上保安庁は船長を逮捕し、外交問題に
二〇一一年	
一月二十二日	宮崎市の養鶏場の鶏から高病原性鳥インフルエンザウイルスを検出
一月二十七日	新燃岳が五十二年ぶりに爆発的噴火
二月九日	福岡県粕屋町の町道を歩いていた高校生とその友人が、後ろから来た飲酒運転の車にはねられ死亡

四月二十七日	改正刑事訴訟法と刑法が成立。殺人の公訴時効廃止
六月十三日	小惑星探査機「はやぶさ」帰還
七月四日	野球賭博に関わったとして日本相撲協会は大関一人、親方一人を解雇
三月十一日	東日本大震災。震源は三陸沖でマグニチュード9・0。震度七。津波で岩手、宮城、福島三県に壊滅的被害。東京電力福島第一原発の炉心冷却システム停止で、初の「原子力

三月三日	新博多駅ビル「JR博多シティ」開業
三月十二日	九州新幹線鹿児島ルート（二五七キロメートル）全線開業
十二月十六日	長崎県西海市で、ストーカー被害に遭っていた女性の母親と祖母が刺殺される
二〇一二年	
四月一日	熊本市が政令指定都市に。全国二十番目
七月十一日	九州北部豪雨。熊本県を中心に死者三十人、行方不明者二人
八月二十九日	カネミ油症の被害者救済法成立
二〇一三年	
七月二十一日	山口県周南市金峰で五人連続殺人・放火事件
八月十八日	桜島の昭和火口で爆発的噴火。噴煙が五〇〇〇メートル上空まで達する

	緊急事態宣言」発令
三月十二日	福島第一原発一号機で水素爆発。多量の放射性物質が拡散し、全国に食品や健康への不安が広がる（東京電力は五月になって、一～三号機の炉心融解〝メルトダウン〟を認める）
三月十八日	原子力安全・保安院、原発事故レベルを「5」と発表。四月十二日にチェルノブイリ級の「レベル7」へ修正
五月二十二日	東京スカイツリーが開業
九月十一日	尖閣諸島の国有化のため購入費二十億五千万円の支出決定
四月十六日	水俣病認定訴訟で、最高裁は複数の症状がなくても司法が独自認定できるとの初判断

十月十一日	福岡市の整形外科医院で火災、十人死亡
十月十五日	JR九州の豪華観光寝台列車「ななつ星in九州」が運行開始
二〇一四年	
六月十六日	福岡県警は従業員だった男性を殺害したとして筑後市のリサイクルショップ経営の夫婦を殺人容疑で逮捕。後に妻の義弟、甥も暴行され死亡していたことが判明
七月二十七日	長崎県警は、佐世保市の県立高校一年の女子生徒を殺害した疑いで、同級生の少女を逮捕
九月十一日	福岡県警が特定危険指定暴力団工藤会のトップを北九州市の元漁協組合長を射殺したとして殺人などの容疑で逮捕

八月十二日	高知県四万十市で国内観測史上最高気温の四一・〇度
九月七日	二〇二〇年夏季オリンピック・パラリンピックの開催地が東京に決定
十月十六日	台風二十六号の影響により、伊豆大島で土石流災害。死者・行方不明者三十九人
四月一日	消費税率八パーセントに引き上げ
七月九日	通信教育会社で大量の顧客情報が流出
八月二十日	広島市北部で大規模な土砂災害が発生。死者七十四人
九月二十七日	御嶽山が噴火。五十八人が死亡。五人が行方不明に

あとがき

読売新聞西部本社は二〇一五（平成二十七）年二月、『読売新聞西部本社50年史』を刊行しました。

全体を三部構成とし、その第一部で西部発刊からの社業の歩みをたどり、第二部で九州と沖縄県、山口県を中心とする西中国地方で起きた災害、公害、事件・事故などを収めました。第三部は資料編です。

しかし、『50年史』は非売品で、その内容が社員やOB以外の方々の目に触れる機会はほとんどありませんでした。もともと社史とはそういうものです。ところが、『50年史』の制作を引き受けていただいた福岡市の出版社「海鳥社」の西俊明氏の勧めもあって、第二部の原稿、写真をベースにしながら、いわば「事件・事故史」として一冊に編み直すことになったのです。

そこで、新たに盛り込むべき出来事（北朝鮮による漁船銃撃事件、替え玉保険金殺人事件、その後の火山活動など）を拾い出して加筆しました。と同時に、洋数字を和数字にするなど用字を見直し、書く事件・事故の全体が俯瞰できているかどうかを点検、巻末の年表を新しく作りました。『50年史』では、それぞれの事件・事故報道に対する社内評価、他紙との比較などを記述していましたが、一般書では不要と考え、できる限り削除したり、記者名を伏せたりしました。

本書に収めた出来事は、西部本社の発刊（一九六四年九月二十三日）以降のものです。とはいえ、この半世紀余の事件・事故を網羅しているわけではありません。暴力団がかかわった個別の事件など省いた例もたくさんあります。

ただ福岡県警が、特定危険指定暴力団工藤会の「頂上作戦」を進め、二〇一五年七月までに工藤会トップの総裁を六度逮捕（いずれも起訴）し、同会の関与が疑われる未解決事件の解明に全力をあげていることはここに記録しておきます。

社史の発刊後、この一冊をまとめていた二〇一五年も、日本はもちろん、世界各地で痛ましい事件・事故が相次ぎました。台風十七号と十八号がもたらした関東・東北への豪雨と鬼怒川の堤防決壊には息をのみました。住宅地に押し寄せる濁流の破壊力に、東日本大震災での津波の映像が重なったからです。

十一月十三日にパリ中心部で一二〇人以上もの人が犠牲になった「フランス史上で戦後最悪のテロ事件」にも震えました。サッカーの試合を観戦していたり、コンサートに聞き入っていたり、レストランで食事中だったりと、命を狙われる理由のない人々に発砲する残虐行為に怒りを覚え、繰り返される無差別テロに暗然としました。

わが国でも、「人を殺してみたかったから殺した」「相手は誰でもよかった」など、自分の中で膨らむ独りよがりな思いをいとも簡単に実行に移す例を、特に近年、数多く見たり、聞いたりしています。濃密な人間関係の中で起きる「やむにやまれぬ事件」というのも、もちろんあります。しかし、それは、もはや部分でしかないのかもしれないと思えるほどです。

事件は時代と無関係ではない、時代を映すといわれます。そうであるなら、私たちが生きている現代とはどういう時代なのでしょう。

過去の事件を振り返り、新たに起きる事件を新聞、テレビで見ながら、ついそんなことを考えてしまいます。

まえがきにある通り、この本は読売新聞西部本社のOB、校閲部が手分けして執筆、校閲、写真を担当しました。そして、西俊明氏をはじめ、海鳥社の皆さんのてを煩わせて産声をあげることができました。また本書を手にとってくださった皆さんにお礼を申し上げます。ありがとうございました。

二〇一五年九月十五日

屋地公克

九州《きゅうしゅう》の事件《じけん》五十年《ごじゅうねん》

■

2016年4月20日　第1刷発行

■

著者　読売新聞西部本社

発行者　杉本　雅子

発行所　有限会社海鳥社

〒812-0023　福岡市博多区奈良屋町13番4号

電話092(272)0120　FAX092(272)0121

http://www.kaichosha-f.co.jp

印刷・製本　大村印刷株式会社

［定価は表紙カバーに表示］

ISBN978-4-87415-968-2